Rudolf Steiner Taschenbücher
aus dem Gesamtwerk

Rudolf Steiner

Die Kernpunkte
der sozialen Frage

in den Lebensnotwendigkeiten
der Gegenwart und Zukunft

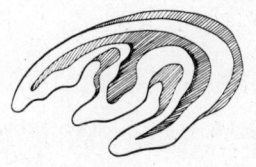

RUDOLF STEINER VERLAG
DORNACH/SCHWEIZ

Herausgegeben von der Rudolf Steiner-Nachlaßverwaltung

1. Auflage 1919

Ungekürzte Ausgabe nach dem gleichnamigen Band
der Rudolf Steiner Gesamtausgabe
(Bibliographie-Nr. 23, ISBN 3-7274-0230-X
6. Auflage, Dornach 1976

Taschenbuchausgabe

1.–10. Tsd. Dornach 1973
11.–20. Tsd. Dornach 1980
21.–30. Tsd. Dornach 1984
31.–40. Tsd. Dornach 1991

Bestell-Nr. tb 6061

Zeichen auf dem Umschlag und Titelblatt von Rudolf Steiner

INHALT

Wohl keines der Werke Rudolf Steiners hat zu seinen Lebzeiten in der Öffentlichkeit so viel Beachtung gefunden wie seine im April 1919 erschienene Schrift *Die Kernpunkte der sozialen Frage in den Lebensnotwendigkeiten der Gegenwart und Zukunft*. Der deutsche Außenminister Simons, der tschechische Minister Benesch, «jeder, der irgend etwas ist, hat es gelesen», meldeten die Londoner *Daily News*, und die *Neue Zürcher Zeitung* bemerkte: «Das Buch, das mit seinen neuartigen Gesichtspunkten manchem die Gelegenheit bieten wird, seine sozialen Anschauungen von einem ungewohnten Orte aus auf Hieb- und Stichfestigkeit zu prüfen, verdient rege Beachtung.»

«Neuartig» waren die von Rudolf Steiner vertretenen Gesichtspunkte nicht nur damals, sondern sind es auch heute noch, ging es ihm doch um den Abbau der im zentralen Einheitsstaat konzentrierten Macht, also um einen radikalen Befreiungsakt aus jener unheiligen Allianz von Ökonomie, Politik und Kultur, die für die Katastrophe des Ersten Weltkrieges verantwortlich zeichnete und die letztlich noch heute die politische Landschaft maßgebend prägt. *Dreigliederung des sozialen Organismus* war das Stichwort, das im April 1919 zur Begründung eines politischen Aktionsbündnisses führte, das, mit Rudolf Steiner als Hauptredner, engagiert für eine neue Staats- und Gesellschaftsordnung eintrat und vor allem im Großraum Stuttgart an der Begründung von Betriebsräten beteiligt war. Hinter der Chiffre *Dreigliederung des sozialen Organismus* verbirgt sich letztlich die Auflösung des Einheitsstaates. An seine Stelle, so Rudolf Steiner, haben in Zukunft zu treten ein vom Staat unabhängiges Wirtschaftsleben und Geistesleben. Das dritte Gebiet ist das Rechtsleben, das sich einzig auf die Regelung der öffentlich-rechtlichen Belange konzentriert. Jeder dieser drei Funktionsbereiche gibt sich seine eigene Struktur, seine eigene Verwaltung. Sie «sollen nicht in einer abstrakten, theoretischen Reichstags- oder sonstigen Einheit zusammengefügt und zentralisiert sein», sondern «jeder Mensch als solcher wird ein Verbindendes» der drei Glieder des sozialen Organismus sein.

Im Mittelpunkt des dritten Kapitels der *Kernpunkte* stehen Wirtschaftsfragen. Hier geht es um das Verhältnis von Arbeit und Einkommen, um die Kapital- und Eigentumsbildung, um die Widersprüche zwischen kapitalistischer und sozialistischer Anschauung. Als noch heute aktuell erweisen sich seine Gedanken auch hier, denn nach wie vor haben wir es mit einem anachronistischen Eigentumsbegriff, haben wir es mit einem längst überholten Verständnis des Zusammenhanges von Arbeit und Einkommen, haben wir es mit einem grundlegend revisionsbedürftigen Bodenrecht zu tun.

Gleichwohl, soziale Ideen als reinen Selbstzweck aufzufassen wäre eine Verkennung dessen, was er gewollt, also getan hat. Worauf es ihm ankam, formulierte er in den Vorbemerkungen zu den *Kernpunkten* mit den Worten: «Es kommt nicht darauf an, daß man von einer Geistigkeit weiß oder zu wissen glaubt, sondern darauf, daß dies eine Geistigkeit ist, die auch beim Erfassen der praktischen Lebenswirklichkeit zutage tritt.»

Walter Kugler

Die Aufgaben, welche das soziale Leben der Gegenwart stellt, muß derjenige verkennen, der an sie mit dem Gedanken an irgendeine Utopie herantritt. Man kann aus gewissen Anschauungen und Empfindungen den Glauben haben, diese oder jene Einrichtungen, die man sich in seinen Ideen zurechtgelegt hat, müsse die Menschen beglücken; dieser Glaube kann überwältigende Überzeugungskraft annehmen; an dem, was gegenwärtig die «soziale Frage» bedeutet, kann man doch völlig vorbeireden, wenn man einen solchen Glauben geltend machen will.

Man kann heute diese Behauptung in der folgenden Art bis in das scheinbar Unsinnige treiben, und man wird doch das Richtige treffen. Man kann annehmen, irgend jemand wäre im Besitze einer vollkommenen theoretischen «Lösung» der sozialen Frage, und er könnte dennoch etwas ganz Unpraktisches glauben, wenn er der Menschheit diese von ihm ausgedachte «Lösung» anbieten wollte. Denn wir leben nicht mehr in der Zeit, in welcher man glauben soll, auf diese Art im öffentlichen Leben wirken zu können. Die Seelenverfassung der Menschen ist nicht so, daß sie für das öffentliche Leben etwa einmal sagen könnten: Da seht einen, der versteht, welche sozialen Einrichtungen nötig sind; wie er es meint, so wollen wir es machen.

In dieser Art wollen die Menschen Ideen über das soziale Leben gar nicht an sich herankommen lassen. Diese Schrift, die nun doch schon eine ziemlich weite Verbreitung gefunden hat, rechnet mit dieser Tatsache. Diejenigen haben die ihr zugrunde liegenden Absichten ganz verkannt, die ihr einen utopistischen Charakter beigelegt haben. Am stärksten haben dies diejenigen getan, die selbst nur utopistisch denken wollen. Sie sehen bei dem andern, was der wesentlichste Zug ihrer eigenen Denkgewohnheiten ist.

Für den praktisch Denkenden gehört es heute schon zu den Erfahrungen des öffentlichen Lebens, daß man mit einer noch so überzeugend erscheinenden utopistischen Idee nichts anfangen kann. Dennoch haben viele die Empfindung, daß sie zum Beispiele auf wirtschaftlichem Gebiete mit einer solchen an ihre Mitmenschen herantreten sollen. Sie müssen sich davon überzeugen, daß sie nur unnötig reden. Ihre Mitmenschen können nichts anfangen mit dem, was sie vorbringen.

Man sollte dies als Erfahrung behandeln. Denn es weist auf eine wichtige Tatsache des gegenwärtigen öffentlichen Lebens hin. Es ist die Tatsache der Lebensfremdheit dessen, was man denkt gegenüber dem, was zum Beispiel die wirtschaftliche Wirklichkeit fordert. Kann man denn hoffen, die verworrenen Zustände des öffentlichen Lebens zu bewältigen, wenn man an sie mit einem lebensfremden Denken herantritt?

Diese Frage kann nicht gerade beliebt sein. Denn sie veranlaßt das Geständnis, daß man lebensfremd denkt. Und doch wird man ohne dieses Geständnis der «sozialen Frage» auch fern bleiben. Denn nur, wenn man diese Frage als eine ernste Angelegenheit der ganzen gegenwärtigen Zivilisation behandelt, wird man Klarheit darüber erlangen, was dem sozialen Leben nötig ist.

Auf die Gestaltung des gegenwärtigen Geisteslebens

weist diese Frage hin. Die neuere Menschheit hat ein Geistesleben entwickelt, das von staatlichen Einrichtungen und von wirtschaftlichen Kräften in einem hohen Grade abhängig ist. Der Mensch wird noch als Kind in die Erziehung und den Unterricht des Staates aufgenommen. Er kann nur so erzogen werden, wie die wirtschaftlichen Zustände der Umgebung es gestatten, aus denen er herauswächst.

Man kann nun leicht glauben, dadurch müsse der Mensch gut an die Lebensverhältnisse der Gegenwart angepaßt sein. Denn der Staat habe die Möglichkeit, die Einrichtungen des Erziehungs- und Unterrichtswesens und damit des wesentlichen Teiles des öffentlichen Geisteslebens so zu gestalten, daß dadurch der Menschengemeinschaft am besten gedient werde. Und auch das kann man leicht glauben, daß der Mensch dadurch das bestmögliche Mitglied der menschlichen Gemeinschaft werde, wenn er im Sinne der wirtschaftlichen Möglichkeiten erzogen wird, aus denen er herauswächst, und wenn er durch diese Erziehung an denjenigen Platz gestellt wird, den ihm diese wirtschaftlichen Möglichkeiten anweisen.

Diese Schrift muß die heute wenig beliebte Aufgabe übernehmen, zu zeigen, daß die Verworrenheit unseres öffentlichen Lebens von der Abhängigkeit des Geisteslebens vom Staate und der Wirtschaft herrührt. Und sie muß zeigen, daß die Befreiung des Geisteslebens aus dieser Abhängigkeit den einen Teil der so brennenden sozialen Frage bildet.

Damit wendet sich diese Schrift gegen weitverbreitete Irrtümer. In der Übernahme des Erziehungswesens durch den Staat sieht man seit lange etwas dem Fortschritt der

Menschheit Heilsames. Und sozialistisch Denkende können sich kaum etwas anderes vorstellen, als daß die Gesellschaft den einzelnen zu ihrem Dienste nach ihren Maßnahmen erziehe.

Man will sich nicht leicht zu einer Einsicht bequemen, die auf diesem Gebiete heute unbedingt notwendig ist. Es ist die, daß in der geschichtlichen Entwickelung der Menschheit in einer späteren Zeit zum Irrtum werden kann, was in einer früheren richtig ist. Es war für das Heraufkommen der neuzeitlichen Menschheitsverhältnisse notwendig, daß das Erziehungswesen und damit das öffentliche Geistesleben den Kreisen, die es im Mittelalter innehatten, abgenommen und dem Staate überantwortet wurde. Die weitere Beibehaltung dieses Zustandes ist aber ein schwerer sozialer Irrtum.

Das will diese Schrift in ihrem ersten Teile zeigen. Innerhalb des Staatsgefüges ist das Geistesleben zur Freiheit herangewachsen; es kann in dieser Freiheit nicht richtig leben, wenn ihm nicht die volle Selbstverwaltung gegeben wird. Das Geistesleben fordert durch das Wesen, das es angenommen hat, daß es ein völlig selbständiges Glied des sozialen Organismus bilde. Das Erziehungs- und Unterrichtswesen, aus dem ja doch alles geistige Leben herauswächst, muß in die Verwaltung derer gestellt werden, die erziehen und unterrichten. In diese Verwaltung soll nichts hineinreden oder hineinregieren, was im Staate oder in der Wirtschaft tätig ist. Jeder Unterrichtende hat für das Unterrichten nur so viel Zeit aufzuwenden, daß er auch noch ein Verwaltender auf seinem Gebiete sein kann. Er wird dadurch die Verwaltung so besorgen, wie er die Erziehung und den Unterricht selbst besorgt. Niemand gibt Vorschriften, der nicht gleichzeitig selbst im lebendigen Unterrichten und Erziehen drinnen steht. Kein Parlament, keine Persönlichkeit, die vielleicht einmal unterrichtet hat, aber dies nicht mehr selbst tut, sprechen mit. Was im Unterricht ganz unmittelbar erfahren wird, das fließt auch in die Verwaltung ein. Es ist naturgemäß, daß innerhalb einer solchen Einrichtung Sachlichkeit und Fachtüchtigkeit in dem höchstmöglichen Maße wirken.

Man kann natürlich einwenden, daß auch in einer solchen Selbstverwaltung des Geisteslebens nicht alles vollkommen sein werde. Doch das wird im wirklichen Leben auch gar nicht zu fordern sein. Daß das Bestmögliche zustande komme, das allein kann angestrebt werden. Die Fähigkeiten, die in dem Menschenkinde heranwachsen, werden der Gemeinschaft wirklich übermittelt werden, wenn über ihre Ausbildung nur zu sorgen hat, wer aus geistigen Bestimmungsgründen heraus sein maßgebendes Urteil fällen kann. Wie weit ein Kind nach der einen oder der andern Richtung zu bringen ist, darüber wird ein Urteil nur in einer freien Geistgemeinschaft entstehen können. Und was zu tun ist, um einem solchen Urteil zu seinem Recht zu verhelfen, das kann nur aus einer solchen Gemeinschaft heraus bestimmt werden. Aus ihr können das Staats- und das Wirtschaftsleben die Kräfte empfangen, die sie sich nicht geben können, wenn sie von ihren Gesichtspunkten aus das Geistesleben gestalten.

Es liegt in der Richtung des in dieser Schrift Dargestellten, daß auch die Einrichtungen und der Unterrichtsinhalt derjenigen Anstalten, die dem Staate oder dem Wirtschaftsleben dienen, von den Verwaltern des freien Geisteslebens besorgt werden. Juristenschulen, Handelsschulen, landwirtschaftliche und industrielle Unterrichtsanstalten werden ihre Gestaltung aus dem freien Geistesleben heraus erhalten. Diese Schrift muß notwendig viele Vorurteile gegen sich erwecken, wenn man diese – richtige – Folgerung aus ihren Darlegungen zieht. Allein woraus fließen diese Vorurteile? Man wird ihren antisozialen Geist erkennen, wenn man durchschaut, daß sie im Grunde aus dem unbewußten Glauben hervorgehen, die Erziehenden müssen lebensfremde, unpraktische Menschen sein. Man könne ihnen gar nicht zumuten, daß sie Einrichtungen von sich aus treffen, welche den praktischen Gebieten des Lebens richtig dienen. Solche Einrichtungen müssen von denjenigen gestaltet werden, die im praktischen Leben drinnen stehen, und die Erziehenden müssen gemäß den Richtlinien wirken, die ihnen gegeben werden.

Wer so denkt, der sieht nicht, daß Erziehende, die sich nicht bis ins Kleinste hinein und bis zum Größten hinauf die Richtlinien selber geben können, erst dadurch lebensfremd und unpraktisch werden. Ihnen können dann Grundsätze gegeben werden, die von scheinbar noch so praktischen Menschen herrühren; sie werden keine rechten Praktiker in das Leben hineinerziehen. Die antisozialen Zustände sind dadurch herbeigeführt, daß in das soziale Leben nicht Menschen hineingestellt werden, die von ihrer Erziehung her sozial empfinden. Sozial empfindende Menschen können nur aus einer Erziehungsart hervorgehen, die von sozial Empfindenden geleitet und verwaltet wird. Man wird der sozialen Frage niemals beikommen, wenn man nicht die Erziehungs- und Geistesfrage als einen ihrer wesentlichen Teile behandelt. Man schafft Antisoziales nicht bloß durch wirtschaftliche Einrichtungen, sondern auch dadurch, daß sich die Menschen in diesen Einrichtungen antisozial verhalten. Und es ist antisozial, wenn man die Jugend von Menschen erziehen und unterrichten läßt, die man dadurch lebensfremd werden läßt, daß man ihnen von außen her Richtung und Inhalt ihres Tuns vorschreibt.

Der Staat richtet juristische Lehranstalten ein. Er verlangt von ihnen, daß derjenige Inhalt einer Jurisprudenz gelehrt werde, den er, nach seinen Gesichtspunkten, in seiner Verfassung und Verwaltung niedergelegt hat. Anstalten, die ganz aus einem freien Geistesleben hervorgegangen sind, werden den Inhalt der Jurisprudenz aus diesem Geistesleben selbst schöpfen. Der Staat wird zu warten haben auf dasjenige, was ihm von diesem freien Geistesleben aus überantwortet wird. Er wird befruchtet werden von den lebendigen Ideen, die nur aus einem solchen Geistesleben erstehen können.

Innerhalb dieses Geisteslebens selbst aber werden diejenigen Menschen sein, die von ihren Gesichtspunkten aus in die Lebenspraxis hineinwachsen. Nicht das kann Lebenspraxis werden, was aus Erziehungseinrichtungen stammt, die von bloßen «Praktikern» gestaltet und in denen von lebensfremden Menschen gelehrt wird, sondern allein das, was von Erziehern kommt, die von ihren Gesichtspunkten aus das Leben und die Praxis verstehen. Wie im einzelnen die Verwaltung eines freien Geisteslebens sich gestalten muß, das wird in dieser Schrift wenigstens andeutungsweise dargestellt.

Utopistisch Gesinnte werden an die Schrift mit allerlei Fragen heranrücken. Besorgte Künstler und andere Geistesarbeiter werden sagen: Ja, wird denn die Begabung in einem freien Geistesleben besser gedeihen als in dem gegenwärtigen vom Staat und den Wirtschaftsmächten besorgten? Solche Frager sollten bedenken, daß diese Schrift eben in keiner Beziehung utopistisch gemeint wird. In ihr wird deshalb durchaus nicht theoretisch festgesetzt: Dies soll so oder so sein. Sondern es wird zu Menschengemeinschaften angeregt, die aus ihrem Zusammenleben das sozial Wünschenswerte herbeiführen können. Wer das Leben nicht nach theoretischen Vorurteilen, sondern nach Erfahrungen beurteilt, der wird sich sagen: Der aus seiner freien Begabung heraus Schaffende wird Aussicht auf eine rechte Beurteilung seiner Leistungen haben, wenn es eine freie Geistesgemeinschaft gibt, die ganz aus ihren Gesichtspunkten heraus in das Leben eingreifen kann.

Die «soziale Frage» ist nicht etwas, was in dieser Zeit in das Menschenleben heraufgestiegen ist, was jetzt durch ein paar Menschen oder durch Parlamente gelöst werden kann und dann gelöst sein wird. Sie ist ein Bestandteil des ganzen neueren Zivilisationslebens, und wird es, da sie einmal entstanden ist, bleiben. Sie wird für jeden Augenblick der weltgeschichtlichen Entwickelung neu gelöst werden müssen. Denn das Menschenleben ist mit der neuesten Zeit in einen Zustand eingetreten, der aus dem sozial Eingerichteten immer wieder das Antisoziale hervorgehen läßt. Dieses muß stets neu bewältigt werden. Wie ein Organismus einige Zeit nach der Sättigung immer wieder in den Zustand des Hungers eintritt, so der soziale Organismus aus einer Ordnung der Verhältnisse in die Unordnung. Eine Universalarznei zur Ordnung der sozialen Verhältnisse gibt es so wenig wie ein Nahrungsmittel, das für alle Zeiten sättigt. Aber die Menschen können in solche Gemeinschaften eintreten, daß durch ihr lebendiges Zusammenwirken dem

Dasein immer wieder die Richtung zum Sozialen gegeben wird. Eine solche Gemeinschaft ist das sich selbst verwaltende geistige Glied des sozialen Organismus.

Wie sich für das Geistesleben aus den Erfahrungen der Gegenwart die freie Selbstverwaltung als soziale Forderung ergibt, so für das Wirtschaftsleben die assoziative Arbeit. Die Wirtschaft setzt sich im neueren Menschenleben zusammen aus Warenproduktion, Warenzirkulation und Warenkonsum. Durch sie werden die menschlichen Bedürfnisse befriedigt; innerhalb ihrer stehen die Menschen mit ihrer Tätigkeit. Jeder hat innerhalb ihrer seine Teilinteressen; jeder muß mit dem ihm möglichen Anteil von Tätigkeit in sie eingreifen. Was einer wirklich braucht, kann nur er wissen und empfinden; was er leisten soll, will er aus seiner Einsicht in die Lebensverhältnisse des Ganzen beurteilen. Es ist nicht immer so gewesen, und ist heute noch nicht überall so auf der Erde; innerhalb des gegenwärtig zivilisierten Teiles der Erdbevölkerung ist es im wesentlichen so.

Die Wirtschaftskreise haben sich im Laufe der Menschheitsentwickelung erweitert. Aus der geschlossenen Hauswirtschaft hat sich die Stadtwirtschaft, aus dieser die Staatswirtschaft entwickelt. Heute steht man vor der Weltwirtschaft. Es bleibt zwar von dem alten noch ein erheblicher Teil im Neuen bestehen; es lebte in dem alten andeutungsweise schon vieles von dem Neuen. Aber die Schicksale der Menschheit sind davon abhängig, daß die obige Entwickelungsreihe innerhalb gewisser Lebensverhältnisse vorherrschend wirksam geworden ist.

Es ist ein Ungedanke, die Wirtschaftskräfte in einer abstrakten Weltgemeinschaft organisieren zu wollen. Die Einzelwirtschaften sind im Laufe der Entwickelung in die

Staatswirtschaften in weitem Umfange eingelaufen. Doch die Staatsgemeinschaften sind aus anderen als bloß wirtschaftlichen Kräften entsprungen. Daß man sie zu Wirtschaftsgemeinschaften umwandeln wollte, bewirkte das soziale Chaos der neuesten Zeit. Das Wirtschaftsleben strebt darnach, sich aus seinen eigenen Kräften heraus unabhängig von Staatseinrichtungen, aber auch von staatlicher Denkweise zu gestalten. Es wird dies nur können, wenn sich, nach rein wirtschaftlichen Gesichtspunkten, Assoziationen bilden, die aus Kreisen von Konsumenten, von Handeltreibenden und Produzenten sich zusammenschließen. Durch die Verhältnisse des Lebens wird der Umfang solcher Assoziationen sich von selbst regeln. Zu kleine Assoziationen würden zu kostspielig, zu große wirtschaftlich zu unübersichtlich arbeiten. Jede Assoziation wird zu der andern aus den Lebensbedürfnissen heraus den Weg zum geregelten Verkehr finden. Man braucht nicht besorgt zu sein, daß derjenige, der sein Leben in reger Ortsveränderung zuzubringen hat, durch solche Assoziationen eingeengt sein werde. Er wird den Übergang von der einen in die andere leicht finden, wenn nicht staatliche Organisation, sondern wirtschaftliche Interessen den Übergang bewirken werden. Es sind Einrichtungen innerhalb eines solchen assoziativen Wesens denkbar, die mit der Leichtigkeit des Geldverkehrs wirken.

Innerhalb einer Assoziation kann aus Fachkenntnis und Sachlichkeit eine weitgehende Harmonie der Interessen herrschen. Nicht Gesetze regeln die Erzeugung, die Zirkulation und den Verbrauch der Güter, sondern die Menschen aus ihrer unmittelbaren Einsicht und ihrem Interesse heraus. Durch ihr Drinnenstehen im assoziativen Leben können die

Menschen diese notwendige Einsicht haben; dadurch, daß Interesse mit Interesse sich vertragsmäßig ausgleichen muß, werden die Güter in ihren entsprechenden Werten zirkulieren. Ein solches Zusammenschließen nach wirtschaftlichen Gesichtspunkten ist etwas anderes als zum Beispiele das in den modernen Gewerkschaften. Diese wirken sich im wirtschaftlichen Leben aus; aber sie kommen nicht nach wirtschaftlichen Gesichtspunkten zustande. Sie sind den Grundsätzen nachgebildet, die sich in der neueren Zeit aus der Handhabung der staatlichen, der politischen Gesichtspunkte heraus gestaltet haben. Man parlamentarisiert in ihnen; man kommt nicht nach wirtschaftlichen Gesichtspunkten überein, was der eine dem andern zu leisten hat. In den Assoziationen werden nicht «Lohnarbeiter» sitzen, die durch ihre Macht von einem Arbeit-Unternehmer möglichst hohen Lohn fordern, sondern es werden Handarbeiter mit den geistigen Leitern der Produktion und mit den konsumierenden Interessenten des Produzierten zusammenwirken, um durch Preisregulierungen Leistungen entsprechend den Gegenleistungen zu gestalten. Das kann nicht durch Parlamentieren in Versammlungen geschehen. Vor solchen müßte man besorgt sein. Denn, wer sollte arbeiten, wenn unzählige Menschen ihre Zeit mit Verhandlungen über die Arbeit verbringen müßten? In Abmachungen von Mensch zu Mensch, von Assoziation zu Assoziation vollzieht sich alles neben der Arbeit. Dazu ist nur notwendig, daß der Zusammenschluß den Einsichten der Arbeitenden und den Interessen der Konsumierenden entspricht.

Damit wird nicht eine Utopie gezeichnet. Denn es wird gar nicht gesagt: Dies soll so oder so eingerichtet werden. Es wird nur darauf hingedeutet, wie die Menschen sich selbst die Dinge einrichten werden, wenn sie in Gemeinschaften wirken wollen, die ihren Einsichten und ihren Interessen entsprechen.

Daß sie sich zu solchen Gemeinschaften zusammenschließen, dafür sorgt einerseits die menschliche Natur, wenn sie durch staatliche Dazwischenkunft nicht gehindert wird; denn die Natur erzeugt die Bedürfnisse. Andrerseits kann dafür das freie Geistesleben sorgen, denn dieses bringt die Einsichten zustande, die in der Gemeinschaft wirken sollen. Wer aus der Erfahrung heraus denkt, muß zugeben, das solche assoziative Gemeinschaften in jedem Augenblick entstehen können, daß sie nichts von Utopie in sich schließen. Ihrer Entstehung steht nichts anderes im Wege, als daß der Mensch der Gegenwart das wirtschaftliche Leben von außen «organisieren» will in dem Sinne, wie für ihn der Gedanke der «Organisation» zu einer Suggestion geworden ist. Diesem Organisieren, das die Menschen zur Produktion von außen zusammenschließen will, steht diejenige wirtschaftliche Organisation, die auf dem freien Assoziieren beruht, als sein Gegenbild gegenüber. Durch das Assoziieren verbindet sich der Mensch mit einem andern; und das Planmäßige des Ganzen entsteht durch die Vernunft des einzelnen. – Man kann ja sagen: Was nützt es, wenn der Besitzlose mit dem Besitzenden sich assoziiert? Man kann es besser finden, wenn alle Produktion und Konsumtion von außen her «gerecht» geregelt wird. Aber diese organisatorische Regelung unterbindet die freie Schaffenskraft des einzelnen, und sie bringt das Wirtschaftsleben um die Zufuhr dessen, was nur aus dieser freien Schaffenskraft entspringen kann. Und man versuche es nur einmal, trotz aller Vorurteile, sogar mit der Assoziation des heute

Besitzlosen mit dem Besitzenden. Greifen nicht andere als wirtschaftliche Kräfte ein, dann wird der Besitzende dem Besitzlosen die Leistung notwendig mit der Gegenleistung ausgleichen müssen. Heute spricht man über solche Dinge nicht aus den Lebensinstinkten heraus, die aus der Erfahrung stammen; sondern aus den Stimmungen, die sich nicht aus wirtschaftlichen, sondern aus Klassen- und anderen Interessen heraus entwickelt haben. Sie konnten sich entwickeln, weil man in der neueren Zeit, in welcher gerade das wirtschaftliche Leben immer komplizierter geworden ist, diesem nicht mit rein wirtschaftlichen Ideen nachkommen konnte. Das unfreie Geistesleben hat dies verhindert. Die wirtschaftenden Menschen stehen in der Lebensroutine drinnen; die in der Wirtschaft wirkenden Gestaltungskräfte sind ihnen nicht durchsichtig. Sie arbeiten ohne Einsicht in das Ganze des Menschenlebens. In den Assoziationen wird der eine durch den andern erfahren, was er notwendig wissen muß. Es wird eine wirtschaftliche Erfahrung über das Mögliche sich bilden, weil die Menschen, von denen jeder auf seinem Teilgebiete Einsicht und Erfahrung hat, zusammen-urteilen werden.

Wie in dem freien Geistesleben nur die Kräfte wirksam sind, die in ihm selbst liegen, so im assoziativ gestalteten Wirtschaftssystem nur die wirtschaftlichen Werte, die sich durch die Assoziationen herausbilden. Was in dem Wirtschaftsleben der einzelne zu tun hat, das ergibt sich ihm aus dem Zusammenleben mit denen, mit denen er wirtschaftlich assoziiert ist. Dadurch wird er genau so viel Einfluß auf die allgemeine Wirtschaft haben, als seiner Leistung entspricht. Wie Nicht-Leistungsfähige sich dem Wirtschaftsleben eingliedern, das wird in dieser Schrift auseinandergesetzt. Den

Schwachen gegenüber dem Starken schützen, kann ein Wirtschaftsleben, das nur aus seinen eigenen Kräften heraus gestaltet ist.

So kann der soziale Organismus in zwei selbständige Glieder zerfallen, die sich gerade dadurch gegenseitig tragen, daß jeder seine eigenartige Verwaltung hat, die aus seinen besonderen Kräften hervorgeht. Zwischen beiden aber muß sich ein Drittes ausleben. Es ist das eigentliche staatliche Glied des sozialen Organismus. In ihm macht sich alles das geltend, was von dem Urteil und der Empfindung eines jeden mündig gewordenen Menschen abhängig sein muß. In dem freien Geistesleben betätigt sich jeder nach seinen besonderen Fähigkeiten; im Wirtschaftsleben füllt jeder seinen Platz so aus, wie sich das aus seinem assoziativen Zusammenhang ergibt. Im politisch-rechtlichen Staatsleben kommt er zu seiner rein menschlichen Geltung, insoferne diese unabhängig ist von den Fähigkeiten, durch die er im freien Geistesleben wirken kann, und unabhängig davon, welchen Wert die von ihm erzeugten Güter durch das assoziative Wirtschaftsleben erhalten.

In diesem Buche wird gezeigt, wie Arbeit nach Zeit und Art eine Angelegenheit ist dieses politisch-rechtlichen Staatslebens. In diesem steht jeder dem andern als ein gleicher gegenüber, weil in ihm nur verhandelt und verwaltet wird auf den Gebieten, auf denen jeder Mensch gleich urteilsfähig ist. Rechte und Pflichten der Menschen finden in diesem Gliede des sozialen Organismus ihre Regelung.

Die Einheit des ganzen sozialen Organismus wird entstehen aus der selbständigen Entfaltung seiner drei Glieder. Das Buch wird zeigen, wie die Wirksamkeit des beweglichen

Kapitales, der Produktionsmittel, die Nutzung des Grundes und Bodens sich durch das Zusammenwirken der drei Glieder gestalten kann. Wer die soziale Frage «lösen» will durch eine ausgedachte oder sonstwie entstandene Wirtschaftsweise, der wird diese Schrift nicht praktisch finden; wer aus den Erfahrungen des Lebens heraus die Menschen zu solchen Arten des Zusammenschlusses anregen will, in denen sie die sozialen Aufgaben am besten erkennen und sich ihnen widmen können, der wird dem Verfasser des Buches das Streben nach wahrer Lebenspraxis vielleicht doch nicht absprechen.

Das Buch ist im April 1919 zuerst veröffentlicht worden. Ergänzungen zu dem damals Ausgesprochenen habe ich in den Beiträgen gegeben, die in der Zeitschrift «Dreigliederung des sozialen Organismus» enthalten waren und die soeben gesammelt als die Schrift «In Ausführung der Dreigliederung des sozialen Organismus» erschienen sind.

Man wird finden können, daß in den beiden Schriften weniger von den «Zielen» der sozialen Bewegung als vielmehr von den Wegen gesprochen wird, die im sozialen Leben beschritten werden sollten. Wer aus der Lebenspraxis heraus denkt, der weiß, daß namentlich einzelne Ziele in verschiedener Gestalt auftreten können. Nur wer in abstrakten Gedanken lebt, dem erscheint alles in eindeutigen Umrissen. Ein solcher tadelt das Lebenspraktische oft, weil er es nicht bestimmt, nicht «klar» genug dargestellt findet. Viele, die sich Praktiker dünken, sind gerade solche Abstraktlinge. Sie bedenken nicht, daß das Leben die mannigfaltigsten Gestaltungen annehmen kann. Es ist ein fließendes Element. Und wer mit ihm gehen will, der muß sich auch in seinen Gedanken und Empfindungen diesem fließenden

Grundzug anpassen. Die sozialen Aufgaben werden nur mit einem solchen Denken ergriffen werden können.

Aus der Beobachtung des Lebens heraus sind die Ideen dieser Schrift erkämpft; aus dieser heraus möchten sie auch verstanden sein.

Das soziale Leben der Gegenwart stellt ernste, umfassende Aufgaben. Forderungen nach Neueinrichtungen in diesem Leben treten auf und zeigen, daß zur Lösung dieser Aufgaben Wege gesucht werden müssen, an die bisher nicht gedacht worden ist. Durch die Tatsachen der Gegenwart unterstützt, findet vielleicht heute schon derjenige Gehör, der, aus den Erfahrungen des Lebens heraus, sich zu der Meinung bekennen muß, daß dieses Nichtdenken an notwendig gewordene Wege in die soziale Verwirrung hineingetrieben hat. Auf der Grundlage einer solchen Meinung stehen die Ausführungen dieser Schrift. Sie möchten von dem sprechen, was geschehen sollte, um die Forderungen, die von einem großen Teile der Menschheit gegenwärtig gestellt werden, auf den Weg eines zielbewußten sozialen Wollens zu bringen. – Ob dem einen oder dem andern diese Forderungen gefallen oder nicht gefallen, davon sollte bei der Bildung eines solchen Wollens wenig abhängen. Sie sind da, und man muß mit ihnen als mit Tatsachen des sozialen Lebens rechnen. Das mögen diejenigen bedenken, die, aus ihrer persönlichen Lebenslage heraus, etwa finden, daß der Verfasser dieser Schrift in seiner Darstellung von den proletarischen Forderungen in einer Art spricht, die ihnen nicht gefällt, weil sie, nach ihrer Ansicht, zu einseitig auf diese Forderungen als auf etwas hinweist, mit dem das soziale Wollen rechnen muß. Der Verfasser aber möchte aus der vollen Wirklichkeit des gegenwärtigen Lebens heraus sprechen, soweit ihm dieses nach seiner Erkenntnis dieses Lebens möglich ist. Ihm stehen die verhängnisvollen Folgen vor Augen, die entstehen müssen, wenn man Tatsachen, die nun einmal aus dem Leben der neueren Menschheit sich erhoben haben, nicht sehen will; wenn man von einem sozialen Wollen nichts wissen will, das mit diesen Tatsachen rechnet.

Wenig befriedigt von den Ausführungen des Verfassers werden auch *zunächst* Persönlichkeiten sein, die sich in der Weise als Lebenspraktiker ansehen, wie man unter dem Einflusse mancher liebgewordener Gewohnheiten die Vorstellung der Lebenspraxis heute nimmt. Sie werden finden, daß in dieser Schrift kein Lebenspraktiker spricht. Von diesen Persönlichkeiten glaubt der Verfasser, daß gerade sie werden gründlich umlernen müssen. Denn ihm erscheint ihre «Lebenspraxis» als dasjenige, was durch die Tatsachen, welche die Menschheit der Gegenwart hat erleben müssen, unbedingt als ein Irrtum erwiesen ist. Als derjenige Irrtum, der in unbegrenztem Umfange zu Verhängnissen geführt hat. Sie werden einsehen müssen, daß es notwendig ist, manches als praktisch anzuerkennen, das *ihnen* als verbohrter Idealismus erschienen ist. Mögen sie meinen, der Ausgangspunkt dieser Schrift sei deshalb verfehlt, weil in deren ersten Teilen weniger von dem Wirtschafts- und mehr von dem Geistesleben der neueren Menschheit gesprochen ist. Der Verfasser *muß* aus seiner Lebenserkenntnis heraus meinen, daß zu den begangenen Fehlern ungezählte weitere werden hinzugemacht werden, wenn man sich nicht entschließt, auf das Geistesleben der neueren Menschheit die sachgemäße Aufmerksamkeit zu wenden. – Auch diejenigen, welche in den verschiedensten Formen nur immer die

Phrasen hervorbringen, die Menschheit müsse aus der Hingabe an rein materielle Interessen herauskommen und sich «zum Geiste», «zum Idealismus» wenden, werden an dem, was der Verfasser in dieser Schrift sagt, kein rechtes Gefallen finden. Denn er hält nicht viel von dem bloßen Hinweis auf «den Geist», von dem Reden über eine nebelhafte Geisteswelt. Er kann nur die Geistigkeit anerkennen, die der eigene Lebensinhalt des Menschen wird. Dieser erweist sich in der Bewältigung der praktischen Lebensaufgaben ebenso wirksam wie in der Bildung einer Welt- und Lebensanschauung, welche die seelischen Bedürfnisse befriedigt. Es kommt nicht darauf an, daß man von einer Geistigkeit weiß oder zu wissen glaubt, sondern darauf, daß dies eine Geistigkeit ist, die auch beim Erfassen der praktischen Lebenswirklichkeit zutage tritt. Eine solche begleitet diese Lebenswirklichkeit nicht als eine bloß für das innere Seelenwesen reservierte Nebenströmung. – So werden die Ausführungen dieser Schrift den «Geistigen» wohl zu ungeistig, den «Praktikern» zu lebensfremd erscheinen. Der Verfasser hat die Ansicht, daß er *gerade deshalb* dem Leben der Gegenwart werde in seiner Art dienen können, weil er der Lebensfremdheit manches Menschen, der sich heute für einen «Praktiker» hält, nicht zuneigt, und weil er auch demjenigen Reden vom «Geiste», das aus Worten Lebensillusionen schafft, keine Berechtigung zusprechen kann.

Als eine Wirtschafts-, Rechts- und Geistesfrage wird die «soziale Frage» in den Ausführungen dieser Schrift besprochen. Der Verfasser glaubt zu erkennen, wie aus den Forderungen des Wirtschafts-, Rechts- und Geisteslebens die «wahre Gestalt» dieser Frage sich ergibt. Nur aus dieser Erkenntnis heraus können aber die Impulse kommen für eine gesunde Ausgestaltung dieser drei Lebensgebiete innerhalb der sozialen Ordnung. – In ältern Zeiten der Menschheitsentwickelung sorgten die sozialen Instinkte dafür, daß diese drei Gebiete in einer der Menschennatur damals entsprechenden Art sich im sozialen Gesamtleben gliederten. In der Gegenwart dieser Entwickelung steht man vor der Notwendigkeit, diese Gliederung durch zielbewußtes soziales Wollen zu erstreben. Zwischen jenen ältern Zeiten und der Gegenwart liegt für die Länder, die für ein solches Wollen zunächst in Betracht kommen, ein Durcheinanderwirken der alten Instinkte und der neueren Bewußtheit vor, das den Anforderungen der gegenwärtigen Menschheit nicht mehr gewachsen ist. In manchem, das man heute für zielbewußtes soziales Denken hält, leben aber noch die alten Instinkte fort. Das macht dieses Denken schwach gegenüber den fordernden Tatsachen. Gründlicher, als mancher sich vorstellt, muß der Mensch der Gegenwart sich aus dem herausarbeiten, das nicht mehr lebensfähig ist. Wie Wirtschafts-, Rechts- und Geistesleben im Sinne des von der neueren Zeit selbst geforderten gesunden sozialen Lebens sich gestalten sollen, das – so meint der Verfasser – kann sich nur dem ergeben, der den guten Willen entwickelt, das eben Ausgesprochene gelten zu lassen. Was der Verfasser glaubt, über eine solche notwendige Gestaltung sagen zu müssen, das möchte er dem Urteile der Gegenwart mit diesem Buche unterbreiten. Eine *Anregung* zu einem Wege nach sozialen Zielen, die der gegenwärtigen Lebenswirklichkeit und Lebensnotwendigkeit entsprechen, möchte der Verfasser geben. Denn er meint, daß nur ein solches Streben über Schwarmgeisterei und Utopismus auf dem Gebiete des sozialen Wollens hinausführen kann.

Wer doch etwas Utopistisches in dieser Schrift findet, den möchte der Verfasser bitten, zu bedenken, wie stark man sich gegenwärtig mit manchen Vorstellungen, die man sich über eine mögliche Entwickelung der sozialen Verhältnisse macht, von dem wirklichen Leben entfernt und in Schwarmgeisterei verfällt. *Deshalb* sieht man das aus der wahren Wirklichkeit und Lebenserfahrung Geholte von der Art, wie es in dieser Schrift darzustellen versucht ist, als Utopie an. Mancher wird in dieser Darstellung deshalb etwas «Abstraktes» sehen, weil ihm «konkret» nur ist, was er zu denken gewohnt ist und «abstrakt» auch das Konkrete dann, wenn er nicht gewöhnt ist, es zu denken*.

Daß stramm in Parteiprogramme eingespannte Köpfe mit den Aufstellungen des Verfassers zunächst unzufrieden

---

* Der Verfasser hat bewußt vermieden, sich in seinen Ausführungen unbedingt an die in der volkswirtschaftlichen Literatur gebräuchlichen Ausdrücke zu halten. Er kennt genau die Stellen, von denen ein «fachmännisches» Urteil sagen wird, das sei dilettantisch. Ihn bestimmte zu seiner Ausdrucksweise aber nicht nur, daß er auch für Menschen sprechen möchte, denen die volks- und sozialwissenschaftliche Literatur ungeläufig ist, sondern vor allem die Ansicht, daß eine neue Zeit das meiste von dem einseitig und unzulänglich sogar schon in der Ausdrucksform wird erscheinen lassen, das in dieser Literatur als «fachmännisch» sich findet. Wer etwa meint, der Verfasser hätte auch hinweisen sollen auf die sozialen Ideen anderer, die in dem einen oder andern an das hier Dargestellte anzuklingen scheinen, den bitte ich zu bedenken, daß die *Ausgangspunkte und die Wege* der hier gekennzeichneten Anschauung, welche der Verfasser einer jahrzehntelangen Lebenserfahrung zu verdanken glaubt, das Wesentliche bei der praktischen Verwirklichung der gegebenen Impulse sind und nicht etwa bloß so oder anders geartete Gedanken. Auch hat der Verfasser, wie man aus dem Abschnitt IV ersehen kann, für die praktische Verwirklichung sich schon einzusetzen versucht, als ähnlich *scheinende* Gedanken in bezug auf das eine oder andere noch nicht bemerkt wurden.

sein werden, weiß er. Doch er glaubt, viele Parteimenschen werden recht bald zu der Überzeugung gelangen, daß die Tatsachen der Entwickelung schon weit über die Parteiprogramme hinausgewachsen sind, und daß ein von solchen Programmen *unabhängiges* Urteil über die nächsten Ziele des sozialen Wollens vor allem notwendig ist.

Anfang April 1919.

Rudolf Steiner.

I

DIE WAHRE GESTALT DER SOZIALEN FRAGE, ERFASST AUS DEM LEBEN DER MODERNEN MENSCHHEIT

Offenbart sich nicht aus der Weltkriegskatastrophe heraus die moderne soziale Bewegung durch Tatsachen, die beweisen, wie unzulänglich Gedanken waren, durch die man jahrzehntelang das proletarische Wollen zu verstehen glaubte?

Was gegenwärtig sich aus früher niedergehaltenen Forderungen des Proletariats und im Zusammenhange damit an die Oberfläche des Lebens drängt, nötigt dazu, diese Frage zu stellen. Die Mächte, welche das Niederhalten bewirkt haben, sind zum Teil vernichtet. Das Verhältnis, in das sich diese Mächte zu den sozialen Triebkräften eines großen Teiles der Menschheit gesetzt haben, kann nur erhalten wollen, wer ganz ohne Erkenntnis davon ist, wie unvernichtbar solche Impulse der Menschennatur sind.

Manche Persönlichkeiten, deren Lebenslage es ihnen möglich machte, durch ihr Wort oder ihren Rat hemmend oder fördernd einzuwirken auf die Kräfte im europäischen Leben, die 1914 zur Kriegskatastrophe drängten, haben sich über diese Triebkräfte den größten Illusionen hingegeben. Sie konnten glauben, ein Waffensieg ihres Landes werde die sozialen Anstürme beruhigen. Solche Persönlichkeiten mußten gewahr werden, daß durch die Folgen ihres Verhaltens die sozialen Triebe erst völlig in die Erscheinung traten. Ja, die gegenwärtige Menschheitskatastrophe erwies sich als dasjenige geschichtliche Ereignis, durch das diese Triebe ihre volle Schlagkraft erhielten. Die führenden Persönlichkeiten und Klassen mußten ihr Verhalten in den letzten schicksalsschweren Jahren stets von dem abhängig machen, was in den sozialistisch gestimmten Kreisen der Menschheit lebte. Sie hätten oftmals gerne anders gehandelt, wenn sie die Stimmung dieser Kreise hätten unbeachtet lassen können. In der Gestalt, die gegenwärtig die Ereignisse angenommen haben, leben die Wirkungen dieser Stimmung fort.

Und jetzt, da in ein entscheidendes Stadium eingetreten ist, was jahrzehntelang vorbereitend heraufgezogen ist in der Lebensentwickelung der Menschheit: jetzt wird zum tragischen Schicksal, daß den gewordenen Tatsachen sich die Gedanken nicht gewachsen zeigen, die im Werden dieser Tatsachen entstanden sind. Viele Persönlichkeiten, die ihre Gedanken an diesem Werden ausgebildet haben, um dem zu dienen, was in ihm als soziales Ziel lebt, vermögen heute wenig oder nichts in bezug auf Schicksalsfragen, die von den Tatsachen gestellt werden.

Noch glauben zwar manche dieser Persönlichkeiten, was sie seit langer Zeit als zur Neugestaltung des menschlichen Lebens notwendig gedacht haben, werde sich verwirklichen und dann als mächtig genug erweisen, um den fordernden Tatsachen eine lebensmögliche Richtung zu geben. – Man kann absehen von der Meinung derer, die auch jetzt noch wähnen, das Alte müsse sich gegen die neueren Forderungen eines großen Teiles der Menschheit halten lassen. Man kann seinen Blick einstellen auf das Wollen derer, die von der Notwendigkeit einer neuen Lebensgestaltung überzeugt sind. Man wird doch nicht anders können, als sich gestehen: Es wandeln unter uns Parteimeinungen wie Urteilsmumien, die von der Entwickelung der Tatsachen zurückgewiesen werden. Diese Tatsachen fordern Entscheidungen, für welche die Urteile der alten Parteien nicht vorbereitet sind. Solche Parteien haben sich zwar mit den Tatsachen entwickelt; aber sie sind mit ihren Denkgewohnheiten hinter den Tatsachen zurückgeblieben. Man braucht vielleicht nicht unbescheiden gegenüber heute noch als maßgeblich geltenden Ansichten zu sein, wenn man glaubt, das eben Angedeutete aus dem Verlaufe der Weltereignisse in der Gegenwart entnehmen zu können. Man darf daraus die Folgerung ziehen, gerade diese Gegenwart müsse empfänglich sein für den Versuch, dasjenige im sozialen Leben der neueren Menschheit zu kennzeichnen, was in seiner Eigenart auch den Denkgewohnten der sozial orientierten Persönlichkeiten und Parteirichtungen ferne liegt. Denn es könnte wohl sein, daß die Tragik, die in den Lösungsversuchen der sozialen Frage zutage tritt, gerade in einem Mißverstehen der wahren proletarischen Bestrebungen wurzelt. In einem Mißverstehen selbst von seiten derjenigen, welche mit ihren Anschauungen aus diesen Bestrebungen herausgewachsen sind. Denn der Mensch bildet sich keineswegs immer über sein eigenes Wollen das rechte Urteil.

Gerechtfertigt kann es deshalb erscheinen, einmal die Fragen zu stellen, was *will* die moderne proletarische Bewegung in Wirklichkeit? Entspricht dieses Wollen demjenigen, was gewöhnlich von proletarischer oder nicht proletarischer Seite über dieses Wollen gedacht wird? Offenbart sich in dem, was über die «soziale Frage» von vielen gedacht wird, die *wahre Gestalt* dieser «Frage»? Oder ist ein ganz anders gerichtetes Denken nötig? An *diese* Frage wird man nicht unbefangen herantreten können, wenn man nicht durch die Lebensschicksale in die Lage

31

versetzt war, in das Seelenleben des modernen Proletariats sich einzuleben. Und zwar desjenigen Teiles dieses Proletariats, der am meisten Anteil hat an der Gestaltung, welche die soziale Bewegung der Gegenwart angenommen hat.

Man hat viel gesprochen über die Entwickelung der modernen Technik und des modernen Kapitalismus. Man hat gefragt, wie innerhalb dieser Entwickelung das gegenwärtige Proletariat entstanden ist, und wie es durch die Entfaltung des neueren Wirtschaftslebens zu seinen Forderungen gekommen ist. In all dem, was man in dieser Richtung vorgebracht hat, liegt viel Treffendes. Daß damit aber ein Entscheidendes doch nicht berührt wird, kann sich dem aufdrängen, der sich nicht hypnotisieren läßt von dem Urteil: Die äußern Verhältnisse geben dem Menschen das Gepräge seines Lebens. Es offenbart sich dem, der sich einen unbefangenen Einblick bewahrt in die aus inneren Tiefen heraus wirkenden seelischen Impulse. Gewiß ist, daß die proletarischen Forderungen sich entwickelt haben während des Lebens der modernen Technik und des modernen Kapitalismus; aber die Einsicht in diese Tatsache gibt noch durchaus keinen Aufschluß darüber, was in diesen Forderungen eigentlich als *rein menschliche* Impulse lebt. Und solange man in das Leben dieser Impulse nicht eindringt, kann man wohl auch der *wahren Gestalt* der «sozialen Frage» nicht beikommen.

Ein Wort, das oftmals in der Proletarierwelt ausgesprochen wird, kann einen bedeutungsvollen Eindruck machen auf den, der in die tiefer liegenden Triebkräfte des menschlichen Wollens zu dringen vermag. Es ist das: Der moderne Proletarier ist *«klassenbewußt»* geworden. Er folgt den Impulsen der außer ihm bestehenden Klassen nicht mehr gewissermaßen instinktiv, unbewußt; er weiß sich als Angehöriger einer besonderen Klasse und ist gewillt, das Verhältnis dieser seiner Klasse zu den andern im öffentlichen Leben in einer seinen Interessen entsprechenden Weise zur Geltung zu bringen. Wer ein Auffassungsvermögen hat für seelische Unterströmungen, der wird durch das Wort «klassenbewußt» in dem Zusammenhang, in dem es der moderne Proletarier gebraucht, hingewiesen auf wichtigste Tatsachen in der sozialen Lebensauffassung derjenigen arbeitenden Klassen, die im Leben der modernen Technik und des modernen Kapitalismus stehen. Ein solcher muß vor allem aufmerksam darauf werden, wie wissenschaftliche Lehren über das Wirtschaftsleben und dessen Verhältnis zu den Menschenschicksalen zündend in die Seele des Proletariers eingeschlagen haben. Hiermit wird eine Tatsache berührt, über welche viele, die nur *über* das Proletariat denken können, nicht *mit* demselben, nur ganz verschwommene, ja in Anbetracht der ernsten Ereignisse der Gegenwart schädliche Urteile haben. Mit der Meinung, dem «ungebildeten» Proletarier sei durch den Marxismus und seine Fortsetzung durch die proletarischen Schriftsteller der Kopf verdreht worden, und mit dem, was man sonst in dieser Richtung oft hören kann, kommt man nicht zu einem auf diesem Gebiete in der Gegenwart notwendigen Verständnis der geschichtlichen Weltlage. Denn man zeigt, wenn man eine solche Meinung äußert, nur, daß man nicht den Willen hat, den Blick auf ein Wesentliches in der gegenwärtigen sozialen Bewegung zu lenken. Und ein solches Wesentliches ist die Erfüllung des proletarischen Klassenbewußtseins mit Begriffen, die ihren Charakter aus der neueren *wissenschaftlichen* Entwickelung heraus genommen haben. In diesem Bewußtsein wirkt als Stimmung fort, was in Lassalles Rede über die «Wissenschaft und die Arbeiter» gelebt hat. Solche Dinge mögen manchem unwesentlich erscheinen, der sich für einen «praktischen Menschen» hält. Wer aber eine wirklich fruchtbare Einsicht in die moderne Arbeiterbewegung gewinnen will, der *muß* seine Aufmerksamkeit auf diese Dinge richten. In dem, was gemäßigte und radikale Proletarier heute fordern, lebt nicht etwa das in Menschen-Impulse umgewandelte Wirtschaftsleben so, wie es sich manche Menschen vorstellen, sondern es lebt die Wirtschafts-*Wissenschaft*, von welcher das proletarische Bewußtsein ergriffen worden ist. In der wissenschaftlich gehaltenen und in der journalistisch popularisierten Literatur der proletarischen Bewegung tritt dieses so klar zutage. Es zu leugnen, bedeutet ein Augenverschließen vor den wirklichen Tatsachen. Und eine fundamentale, die soziale Lage der Gegenwart bedingende Tatsache ist die, daß der moderne Proletarier in wissenschaftlich gearteten Begriffen sich den Inhalt seines Klassenbewußtseins bestimmen läßt. Mag der an der Maschine arbeitende Mensch von «Wissenschaft» noch so weit entfernt sein; er hört den Aufklärungen über seine Lage von seiten derjenigen zu, welche die Mittel zu dieser Aufklärung von dieser «Wissenschaft» empfangen haben.

Alle die Auseinandersetzungen über das neuere Wirtschaftsleben, das Maschinenzeitalter, den Kapitalismus mögen noch so einleuchtend auf die Tatsachengrundlage der modernen Proletarierbewegung hinweisen; was die gegenwärtige soziale Lage entscheidend aufklärt, erfließt nicht unmittelbar aus der Tatsache, daß der Arbeiter an die Maschine gestellt worden, daß er in die kapitalistische Lebensordnung eingespannt worden ist. Es fließt aus der

andern Tatsache, daß ganz bestimmte *Gedanken* sich innerhalb seines Klassenbewußtseins an der Maschine und in der
Abhängigkeit von der kapitalistischen Wirtschaftsordnung
ausgebildet haben. Es könnte sein, daß die Denkgewohnheiten der Gegenwart manchen verhindern, die Tragweite
dieses Tatbestandes ganz zu erkennen und ihn veranlassen,
in seiner Betonung nur ein dialektisches Spiel mit Begriffen
zu sehen. Demgegenüber muß gesagt werden: Um so
schlimmer für die Aussichten auf eine gedeihliche Einstellung
in das soziale Leben der Gegenwart bei denen, die nicht
imstande sind, das Wesentliche ins Auge zu fassen. Wer die
proletarische Bewegung verstehen will, der muß vor allem
wissen, wie der Proletarier *denkt*. Denn die proletarische
Bewegung – von ihren gemäßigten Reformbestrebungen
an bis in ihre verheerendsten Auswüchse hinein – wird
nicht von «außermenschlichen Kräften», von «Wirtschafts-
impulsen» gemacht, sondern von *Menschen;* von deren
Vorstellungen und Willensimpulsen.

Nicht in dem, was die Maschine und der Kapitalismus in
das proletarische Bewußtsein hineinverpflanzt haben, liegen
die bestimmenden Ideen und Willenskräfte der gegenwärtigen sozialen Bewegung. Diese Bewegung hat ihre
Gedanken-Quelle in der neueren Wissenschaftsrichtung
gesucht, weil dem Proletarier Maschine und Kapitalismus
nichts geben konnten, was seine Seele mit einem menschenwürdigen Inhalt erfüllen konnte. Ein solcher Inhalt ergab
sich dem mittelalterlichen Handwerker aus seinem Berufe.
In der Art, wie dieser Handwerker sich *menschlich* mit dem
Berufe verbunden fühlte, lag etwas, das ihm das Leben
innerhalb der ganzen menschlichen Gesellschaft vor dem
eigenen Bewußtsein in einem lebenswerten Lichte erscheinen

ließ. Er vermochte, was er tat, so anzusehen, daß er dadurch verwirklicht glauben konnte, was er als «Mensch» sein wollte. An der Maschine und innerhalb der kapitalistischen Lebensordnung war der Mensch auf sich selbst, auf sein Inneres angewiesen, wenn er nach einer Grundlage suchte, auf der sich eine das Bewußtsein tragende Ansicht von dem errichten läßt, was man als «Mensch» ist. Von der Technik, von dem Kapitalismus strömte für eine solche Ansicht nichts aus. So ist es gekommen, daß das proletarische Bewußtsein die Richtung nach dem wissenschaftlich gearteten Gedanken einschlug. Es hatte den menschlichen Zusammenhang mit dem unmittelbaren Leben verloren. Das aber geschah in der Zeit, in der die führenden Klassen der Menschheit einer wissenschaftlichen Denkungsart zustrebten, die selbst nicht mehr die geistige Stoßkraft hatte, um das menschliche Bewußtsein nach dessen Bedürfnissen allseitig zu einem befriedigenden Inhalte zu führen. Die alten Weltanschauungen stellten den Menschen als Seele in einen geistigen Daseinszusammenhang hinein. Vor der neueren Wissenschaft erscheint er als Naturwesen innerhalb der bloßen Naturordnung. Diese Wissenschaft wird nicht empfunden wie ein in die Menschenseele aus einer Geistwelt fließender Strom, der den Menschen als Seele trägt. Wie man auch über das Verhältnis der religiösen Impulse und dessen, was mit ihnen verwandt ist, zu der wissenschaftlichen Denkungsart der neueren Zeit urteilen mag: man wird, wenn man unbefangen die geschichtliche Entwickelung betrachtet, zugeben müssen, daß sich das wissenschaftliche Vorstellen aus dem religiösen entwickelt hat. Aber die alten, auf religiösen Untergründen ruhenden Weltanschauungen haben nicht vermocht, ihren seelentragenden Impuls der neueren wissenschaftlichen Vorstellungsart mitzuteilen. Sie stellten sich außerhalb dieser Vorstellungsart und lebten weiter mit einem Bewußtseinsinhalt, dem sich die Seelen des Proletariats nicht zuwenden konnten. Den führenden Klassen konnte dieser Bewußtseinsinhalt noch etwas Wertvolles sein. Er hing auf die eine oder die andere Art mit ihrer Lebenslage zusammen. Diese Klassen suchten nicht nach einem neuen Bewußtseinsinhalt, weil die Überlieferung durch das Leben selbst sie den alten noch festhalten ließ. Der moderne Proletarier wurde aus allen alten Lebenszusammenhängen herausgerissen. Er ist der Mensch, dessen Leben auf eine völlig neue Grundlage gestellt worden ist. Für ihn war mit der Entziehung der alten Lebensgrundlagen zugleich die Möglichkeit geschwunden, aus den alten geistigen Quellen zu schöpfen. Die standen inmitten der Gebiete, denen er entfremdet worden war. Mit der modernen Technik und dem modernen Kapitalismus entwickelte sich gleichzeitig – in dem Sinne, wie man die großen weltgeschichtlichen Strömungen gleichzeitig nennen kann – die moderne Wissenschaftlichkeit. Ihr wandte sich das Vertrauen, der Glaube des modernen Proletariats zu. Bei ihr suchte es den ihm notwendigen neuen Bewußtseinsinhalt. Aber es war zu dieser Wissenschaftlichkeit in ein anderes Verhältnis gesetzt als die führenden Klassen. Diese fühlten sich nicht genötigt, die wissenschaftliche Vorstellungsart zu ihrer seelentragenden Lebensauffassung zu machen. Mochten sie noch so sehr mit der «wissenschaftlichen Vorstellungsart» sich durchdringen, daß in der Naturordnung ein gerader Ursachenzusammenhang von den niedersten Tieren bis zum Menschen führe: diese Vorstellungsart blieb doch theoretische Überzeugung. Sie erzeugte nicht den Trieb, das Leben auch empfindungsgemäß so zu nehmen, wie es dieser Überzeugung restlos angemessen ist. Der Naturforscher Vogt, der naturwissenschaftliche Popularisator Büchner: sie waren sicherlich von der wissenschaftlichen Vorstellungsart durchdrungen. Aber neben dieser Vorstellungsart wirkte in ihrer Seele etwas, das sie festhalten ließ an Lebenszusammenhängen, die sich nur sinnvoll rechtfertigen aus dem Glauben an eine geistige Weltordnung. Man stelle sich doch nur unbefangen vor, wie anders die Wissenschaftlichkeit auf den wirkt, der in solchen Lebenszusammenhängen mit dem eigenen Dasein verankert ist, als auf den modernen Proletarier, vor den sein Agitator hintritt und in den wenigen Abendstunden, die von der Arbeit nicht ausgefüllt sind, in der folgenden Art spricht: Die Wissenschaft hat in der neueren Zeit den Menschen ausgetrieben, zu glauben, daß sie ihren Ursprung in geistigen Welten haben. Sie sind darüber belehrt worden, daß sie in der Urzeit unanständig als Baumkletterer lebten, belehrt, daß sie alle den gleichen rein natürlichen Ursprung haben. Vor eine nach solchen Gedanken hin orientierte Wissenschaftlichkeit sah sich der moderne Proletarier gestellt, wenn er nach einem Seeleninhalt suchte, der ihn empfinden lassen sollte, wie er als Mensch im Weltendasein drinnen steht. Er nahm diese Wissenschaftlichkeit restlos ernst, und zog aus ihr *seine* Folgerungen für das Leben. Ihn traf das technische und kapitalistische Zeitalter anders als den Angehörigen der führenden Klassen. Dieser stand in einer Lebensordnung drinnen, welche noch von seelentragenden Impulsen gestaltet war. Er hatte alles Interesse daran, die Errungenschaften der neuen Zeit in den Rahmen dieser Lebensordnung einzuspannen. Der Proletarier war aus dieser Lebensordnung seelisch herausgerissen. Ihm konnte diese Lebensordnung nicht eine Empfindung geben, die sein Leben mit einem menschenwürdigen Inhalt durchleuchtete. Empfinden lassen, was man als Mensch ist, das konnte den Proletarier das einzige, was ausgestattet mit Glauben erweckender Kraft aus der alten Lebensordnung hervorgegangen zu sein schien: die wissenschaftliche Denkungsart.

Es könnte manchen Leser dieser Ausführungen wohl zu einem Lächeln drängen, wenn auf die «Wissenschaftlichkeit» der proletarischen Vorstellungsart verwiesen wird. Wer bei «Wissenschaftlichkeit» nur an dasjenige zu denken vermag, was man durch vieljähriges Sitzen in «Bildungsanstalten» sich erwirbt, und der dann diese «Wissenschaftlichkeit» in Gegensatz bringt zu dem Bewußtseinsinhalt des Proletariers, der «nichts gelernt» hat, der mag lächeln. Er lächelt über Schicksal entscheidende Tatsachen des gegenwärtigen Lebens hinweg. Diese Tatsachen bezeugen aber, daß mancher hochgelehrte Mensch unwissenschaftlich *lebt,* während der ungelehrte Proletarier seine Lebensgesinnung nach der Wissenschaft hin orientiert, die er vielleicht gar nicht besitzt. Der Gebildete hat die Wissenschaft aufgenommen; sie ist in einem Schubfach seines Seelen-Innern. Er steht aber in Lebenszusammenhängen und läßt sich von diesen seine Empfindungen orientieren, die nicht von dieser Wissenschaft gelenkt werden. Der Proletarier ist durch seine Lebensverhältnisse dazu gebracht, das Dasein so aufzufassen, wie es der *Gesinnung* dieser Wissenschaft entspricht. Was die andern Klassen «Wissenschaftlichkeit» nennen, mag ihm ferne liegen; die Vorstellungsrichtung dieser Wissenschaftlichkeit orientiert sein Leben. Für die andern Klassen ist bestimmend eine religiöse, eine ästhetische, eine allgemeingeistige Grundlage; für ihn wird die «Wissenschaft», wenn auch oft in ihren allerletzten Gedanken-Ausläufen, Lebensglaube. Mancher Angehörige der «führenden» Klassen fühlt sich «aufgeklärt», «freireligiös». Gewiß, in seinen Vorstellungen lebt die wissenschaftliche Überzeugung; in seinen Empfindungen aber pulsieren die von ihm unbemerkten Reste eines überlieferten Lebensglaubens.

Was die wissenschaftliche Denkungsart nicht aus der alten Lebensordnung mitbekommen hat: das ist das Bewußtsein, daß sie als geistiger Art in einer geistigen Welt wurzelt. Über diesen Charakter der modernen Wissenschaftlichkeit konnte sich der Angehörige der führenden Klassen hinwegsetzen. Denn ihm erfüllt sich das Leben mit alten Traditionen. Der Proletarier konnte das nicht. Denn seine neue Lebenslage trieb die alten Traditionen aus seiner Seele. Er übernahm die wissenschaftliche Vorstellungsart von den herrschenden Klassen als Erbgut. Dieses Erbgut wurde die Grundlage seines Bewußtseins vom Wesen des Menschen. Aber dieser «Geistesinhalt» in seiner Seele wußte nichts von seinem Ursprung in einem wirklichen Geistesleben. Was der Proletarier von den herrschenden Klassen als geistiges Leben allein übernehmen konnte, verleugnete seinen Ursprung aus dem Geiste.

Mir ist nicht unbekannt, wie diese Gedanken Nichtproletarier und auch Proletarier berühren werden, die mit dem Leben «praktisch» vertraut zu sein glauben, und die aus diesem Glauben heraus das hier Gesagte für eine lebensfremde Anschauung halten. Die Tatsachen, welche aus der gegenwärtigen Weltlage heraus sprechen, werden immer mehr diesen Glauben als einen Wahn erweisen. Wer unbefangen diese Tatsachen sehen kann, dem muß sich offenbaren, daß einer Lebensauffassung, welche sich nur an das Äußere dieser Tatsachen hält, zuletzt nur noch Vorstellungen zugänglich sind, die mit den Tatsachen nichts mehr zu tun haben. Herrschende Gedanken haben sich so lange «praktisch» an die Tatsachen gehalten, bis diese Gedanken keine Ähnlichkeit mehr mit diesen Tatsachen haben. In dieser Beziehung könnte die gegenwärtige Weltkatastrophe ein Zuchtmeister für viele sein. Denn: Was haben sie gedacht, daß werden kann? Und was ist geworden? Soll es so auch mit dem sozialen Denken gehen?

Auch höre ich im Geiste den Einwurf, den der Bekenner proletarischer Lebensauffassung aus seiner Seelenstimmung heraus macht: Wieder einer, der den eigentlichen Kern der sozialen Frage auf ein Geleise ablenken möchte, das dem bürgerlich Gesinnten bequem zu befahren scheint. Dieser Bekenner durchschaut nicht, wie ihm das Schicksal sein proletarisches Leben gebracht hat, und wie er sich innerhalb dieses Lebens durch eine Denkungsart zu bewegen sucht, die ihm von den «herrschenden» Klassen als Erbgut übermacht ist. Er *lebt* proletarisch; aber er *denkt* bürgerlich. Die neue Zeit macht nicht bloß notwendig, sich in ein neues Leben zu finden, sondern auch in *neue Gedanken*. Die wissenschaftliche Vorstellungsart wird erst zum lebentragenden Inhalt werden können, wenn sie auf ihre Art für die Bildung eines vollmenschlichen Lebensinhaltes eine solche Stoßkraft entwickelt, wie sie alte Lebensauffassungen in ihrer Weise entwickelt haben.

Damit ist der Weg bezeichnet, der zum Auffinden der *wahren Gestalt* eines der Glieder innerhalb der neueren proletarischen Bewegung führt. Am Ende dieses Weges ertönt aus der proletarischen Seele die Überzeugung: Ich strebe nach dem geistigen Leben. Aber dieses geistige Leben ist *Ideologie*, ist nur, was sich im Menschen von den äußeren Weltvorgängen spiegelt, fließt nicht aus einer besonderen geistigen Welt her. Was im Übergange zur neuen Zeit aus dem alten Geistesleben geworden ist, empfindet die proletarische Lebensauffassung als Ideologie. Wer die Stimmung in der proletarischen Seele begreifen will, die sich in den sozialen Forderungen der Gegenwart auslebt, der muß imstande sein, zu erfassen, was die Ansicht bewirken kann, daß das geistige Leben Ideologie sei. Man mag erwidern: Was weiß der Durchschnittsproletarier von dieser Ansicht, die in den Köpfen der mehr oder weniger geschulten Führer verwirrend spukt. Der so spricht, redet am Leben vorbei, und er handelt auch am wirklichen Leben vorbei. Ein solcher weiß nicht, was im Proletarierleben der letzten Jahrzehnte vorgegangen ist; er weiß nicht, welche Fäden sich spinnen von der Ansicht, das geistige Leben sei Ideologie, zu den Forderungen und Taten des von ihm nur für «unwissend» gehaltenen radikalen Sozialisten und auch zu den Handlungen derer, die aus dumpfen Lebensimpulsen heraus «Revolution machen».

Darinnen liegt die Tragik, die über das Erfassen der sozialen Forderungen der Gegenwart sich ausbreitet, daß man in vielen Kreisen keine Empfindung für das hat, was aus der Seelenstimmung der breiten Massen sich an die Oberfläche des Lebens heraufdrängt, daß man den Blick nicht auf das zu richten vermag, was in den Menschengemütern *wirklich vorgeht*. Der Nichtproletarier hört angsterfüllt nach den Forderungen des Proletariers hin und vernimmt: Nur durch Vergesellschaftung der Produktionsmittel kann für mich ein menschenwürdiges Dasein erreicht werden. Aber er vermag sich keine Vorstellung davon zu bilden, daß seine Klasse beim Übergang aus einer alten in die neue Zeit nicht nur den Proletarier zur Arbeit an den ihm nicht gehörenden Produktionsmitteln aufgerufen hat, sondern daß sie nicht vermocht hat, ihm zu dieser Arbeit einen tragenden Seeleninhalt hinzuzugeben. Menschen, welche in der oben angedeuteten Art am Leben vorbeisehen und vorbeihandeln, mögen sagen: Aber der Proletarier will doch einfach in eine Lebenslage versetzt sein, die derjenigen der herrschenden Klassen gleichkommt; wo spielt da die Frage nach dem Seeleninhalt eine Rolle? Ja, der Proletarier mag selbst behaupten: Ich verlange von den andern Klassen nichts für meine Seele; ich will, daß sie mich nicht weiter ausbeuten können. Ich will, daß die jetzt bestehenden Klassenunterschiede aufhören. Solche Rede trifft doch das Wesen der sozialen Frage nicht. Sie enthüllt nichts von der *wahren Gestalt* dieser Frage. Denn ein solches Bewußtsein in den Seelen der arbeitenden Bevölkerung, das von den herrschenden Klassen einen wahren Geistesinhalt ererbt hätte, würde die sozialen Forderungen in ganz anderer Art erheben, als es das moderne Proletariat tut, das in dem empfangenen Geistesleben nur eine Ideologie sehen kann. Dieses Proletariat ist von dem ideologischen Charakter des Geisteslebens überzeugt; aber es wird durch diese Überzeugung immer unglücklicher. Und die Wirkungen dieses seines Seelenunglückes, die es nicht bewußt kennt, aber intensiv erleidet, überwiegen weit in ihrer Bedeutung für die soziale Lage der Gegenwart alles, was nur die in ihrer Art auch berechtigte Forderung nach Verbesserung der äußeren Lebenslage ist.

Die herrschenden Klassen erkennen sich nicht als die

Urheber derjenigen Lebensgesinnung, die ihnen gegenwärtig im Proletariertum kampfbereit entgegentritt. Und doch sind sie diese Urheber dadurch geworden, daß sie von ihrem Geistesleben diesem Proletariertum nur etwas haben vererben können, was von diesem als Ideologie empfunden werden muß.

Nicht das gibt der gegenwärtigen sozialen Bewegung ihr wesentliches Gepräge, daß man nach einer Änderung der Lebenslage einer Menschenklasse verlangt, obgleich es das natürlich Erscheinende ist, sondern die Art *wie* die Forderung nach dieser Änderung aus den Gedanken-Impulsen dieser Klasse in Wirklichkeit umgesetzt wird. Man sehe sich doch die Tatsachen von diesem Gesichtspunkte aus nur einmal unbefangen an. Dann wird man sehen, wie Persönlichkeiten, die ihr Denken in der Richtung der proletarischen Impulse halten wollen, lächeln, wenn die Rede darauf kommt, durch diese oder jene geistigen Bestrebungen wolle man etwas beitragen zur Lösung der sozialen Frage. Sie belächeln das als *Ideologie*, als eine graue Theorie. Aus dem Gedanken heraus, aus dem bloßen Geistesleben heraus, so meinen sie, werde gewiß nichts beigetragen werden können zu den brennenden sozialen Fragen der Gegenwart. Aber sieht man genauer zu, dann drängt es sich einem auf, *wie* der eigentliche Nerv, der eigentliche Grundimpuls der modernen, gerade proletarischen Bewegung *nicht* in dem liegt, wovon der heutige Proletarier spricht, sondern liegt in *Gedanken*.

Die moderne proletarische Bewegung ist, wie vielleicht noch keine ähnliche Bewegung der Welt – wenn man sie genauer anschaut, zeigt sich dies im eminentesten Sinne –, eine Bewegung aus *Gedanken* entsprungen. Dies sage ich nicht bloß wie ein im Nachdenken über die soziale Bewegung gewonnenes Aperçu. Wenn es mir gestattet ist, eine persönliche Bemerkung einzufügen, so sei es diese: Ich habe jahrelang innerhalb einer Arbeiterbildungsschule in den verschiedensten Zweigen proletarischen Arbeitern Unterricht erteilt. Ich glaube dabei kennengelernt zu haben, was in der Seele des modernen proletarischen Arbeiters lebt und strebt. Von da ausgehend habe ich auch zu verfolgen Gelegenheit gehabt, was in den Gewerkschaften der verschiedenen Berufe und Berufsrichtungen wirkt. Ich meine, ich spreche nicht bloß vom Gesichtspunkte theoretischer Erwägungen, sondern ich spreche aus, was ich glaube, als Ergebnis wirklicher Lebenserfahrung mir errungen zu haben.

Wer – was bei den führenden Intellektuellen leider so wenig der Fall ist – wer die moderne Arbeiterbewegung da kennengelernt hat, wo sie von *Arbeitern* getragen wird, der weiß, welch bedeutungsschwere Erscheinung *dieses* ist, daß eine gewisse Gedanken-*Richtung* die Seelen einer großen Zahl von Menschen in der intensivsten Weise ergriffen hat. Was gegenwärtig schwierig macht, zu den sozialen Rätseln Stellung zu nehmen, ist, daß eine so geringe Möglichkeit des gegenseitigen Verständnisses der Klassen da ist. Die bürgerlichen Klassen können heute sich so schwer in die Seele des Proletariers hineinversetzen, können so schwer verstehen, wie in der noch unverbrauchten *Intelligenz* des Proletariats Eingang finden konnte eine solche — mag man nun zum Inhalt stehen wie man will —, eine solche an menschliche Denkforderungen höchste Maßstäbe anlegende Vorstellungsart, wie es diejenige Karl Marxens ist.

Gewiß, Karl Marxens Denksystem kann von dem einen

angenommen, von dem andern widerlegt werden, vielleicht das eine mit so gut erscheinenden Gründen wie das andre; es konnte revidiert werden von denen, die das soziale Leben nach Marxens und seines Freundes Engels Tode von anderem Gesichtspunkte ansahen als diese Führer. Von dem Inhalte dieses Systems will ich gar nicht sprechen. Der scheint mir nicht als das Bedeutungsvolle in der modernen proletarischen Bewegung. Das Bedeutungsvollste erscheint mir, daß die *Tatsache* vorliegt: Innerhalb der Arbeiterschaft wirkt als mächtigster Impuls ein Gedankensystem. Man kann geradezu die Sache in der folgenden Art aussprechen: Eine praktische Bewegung, eine reine Lebensbewegung mit alleralltäglichsten Menschheitsforderungen stand noch niemals so fast ganz allein auf einer *rein* gedanklichen Grundlage wie diese moderne Proletarierbewegung. Sie ist gewissermaßen sogar die erste derartige Bewegung in der Welt, die sich rein auf eine wissenschaftliche Grundlage gestellt hat. Diese Tatsache muß aber richtig angesehen werden. Wenn man alles dasjenige ansieht, was der moderne Proletarier über sein eigenes Meinen und Wollen und Empfinden bewußt zu sagen hat, so scheint einem das programmäßig Ausgesprochene bei eindringlicher Lebensbeobachtung durchaus nicht als das Wichtige.

Als wirklich wichtig aber muß erscheinen, daß im Proletarierempfinden für den *ganzen* Menschen entscheidend geworden ist, was bei andern Klassen nur in einem einzelnen Gliede ihres Seelenlebens verankert ist: die *Gedankengrundlage* der Lebensgesinnung. Was im Proletarier auf diese Art innere Wirklichkeit ist, er kann es nicht bewußt zugestehen. Er ist von diesem Zugeständnis abgehalten dadurch, daß ihm das Gedankenleben als Ideologie überliefert worden ist. Er baut in Wirklichkeit sein Leben auf die Gedanken; empfindet diese aber als unwirkliche Ideologie. Nicht anders kann man die proletarische Lebensauffassung und ihre Verwirklichung durch die Handlungen ihrer Träger verstehen, als indem man *diese* Tatsache in ihrer vollen Tragweite innerhalb der neueren Menschheitsentwickelung durchschaut.

Aus der Art, wie in dem Vorangegangenen das geistige Leben des modernen Proletariers geschildert worden ist, kann man erkennen, daß in der Darstellung der wahren Gestalt der proletarisch-sozialen Bewegung die Kennzeichnung dieses Geisteslebens an erster Stelle erscheinen muß. Denn es ist wesentlich, daß der Proletarier die Ursachen der ihn nicht befriedigenden sozialen Lebenslage so empfindet und nach ihrer Beseitigung in einer solchen Art strebt, daß Empfindung und Streben von diesem Geistesleben die Richtung empfängt. Und doch kann er gegenwärtig noch gar nicht anders als die Meinung spottend oder zornig ablehnen, daß in diesen geistigen Untergründen der sozialen Bewegung etwas liegt, was eine bedeutungsvolle treibende Kraft darstellt. Wie sollte er einsehen, daß das Geistesleben eine ihn treibende Macht hat, da er es doch als Ideologie empfinden muß? Von einem Geistesleben, das so empfunden wird, kann man nicht erwarten, daß es den Ausweg aus einer sozialen Lage findet, die man nicht weiter ertragen will. Aus seiner wissenschaftlich orientierten Denkungsart ist dem modernen Proletarier nicht nur die Wissenschaft selbst, sondern es sind ihm Kunst, Religion, Sitte, Recht zu Bestandteilen der menschlichen Ideologie geworden. Er sieht in dem, was in diesen Zweigen des Geisteslebens waltet, nichts von einer in sein Dasein hereinbrechenden Wirklichkeit, die zu dem materiellen Leben etwas hinzufügen kann. Ihm sind sie nur Abglanz oder Spiegelbild dieses materiellen Lebens. Mögen sie immerhin, wenn sie entstanden sind, auf dem Umwege durch das menschliche Vorstellen oder durch ihre Aufnahme in die Willensimpulse auf das materielle Leben wieder gestaltend zurückwirken: Ursprünglich steigen sie als ideologische Gebilde aus diesem Leben auf. Nicht *sie* können von sich aus etwas geben, das zur Behebung der sozialen Schwierigkeiten führt. Nur *innerhalb* der materiellen Tatsachen selbst kann etwas entstehen, was zum Ziele geleitet.

Das neuere Geistesleben ist von den führenden Klassen der Menschheit an die proletarische Bevölkerung in einer Form übergegangen, die seine Kraft für das Bewußtsein dieser Bevölkerung ausschaltet. Wenn an die Kräfte gedacht wird, welche der sozialen Frage die Lösung bringen können, so muß dies vor allem andern verstanden werden. Bliebe diese Tatsache weiter wirksam, so müßte sich das Geistesleben der Menschheit zur Ohnmacht verurteilt sehen gegenüber den sozialen Forderungen der Gegenwart und Zukunft. Von dem Glauben an diese Ohnmacht ist in der Tat ein großer Teil des modernen Proletariats überzeugt; und diese Überzeugung wird aus marxistischen oder ähnlichen Bekenntnissen heraus zum Ausdruck gebracht. Man sagt, das moderne Wirtschaftsleben hat aus seinen ältern Formen heraus die kapitalistische der Gegenwart entwickelt. Diese Entwickelung hat das Proletariat in eine ihm unerträgliche Lage gegenüber dem Kapitale gebracht. Die Entwickelung werde weitergehen; sie werde den Kapitalismus durch die in ihm selbst wirkenden Kräfte ertöten, und aus dem Tode des Kapitalismus werde die Befreiung des Proletariats erstehen. Diese Überzeugung ist von neueren sozialistischen Denkern des fatalistischen Charakters entkleidet worden, den sie für einen gewissen Kreis von Marxisten angenommen hat. Aber das Wesentliche ist auch da geblieben. Dies drückt sich darinnen aus, daß es dem, der gegenwärtig echt sozialistisch denken will, *nicht* beifallen wird, zu sagen: Wenn irgendwo ein aus den Impulsen der Zeit herausgeholtes, in einer geistigen Wirklichkeit wurzelndes, die Menschen tragendes Seelenleben sich zeigt, so wird von diesem die Kraft ausstrahlen können, die auch der sozialen Bewegung den rechten Antrieb gibt.

Daß der zur proletarischen Lebensführung gezwungene Mensch der Gegenwart gegenüber dem Geistesleben dieser Gegenwart eine solche Erwartung nicht hegen kann, das gibt seiner Seele die Grundstimmung. Er bedarf eines Geisteslebens, von dem die Kraft ausgeht, die seiner Seele die Empfindung von seiner Menschenwürde verleiht. Denn als er in die kapitalistische Wirtschaftsordnung der neueren Zeit hineingespannt worden ist, wurde er mit den tiefsten Bedürfnissen seiner Seele auf ein solches Geistesleben hingewiesen. Dasjenige Geistesleben aber, das ihm die führenden Klassen als Ideologie überlieferten, höhlte seine Seele aus. Daß in den Forderungen des modernen Proletariats die Sehnsucht nach einem andern Zusammenhang mit dem Geistesleben wirkt, als ihm die gegenwärtige Gesellschaftsordnung geben kann: dies gibt der gegenwärtigen sozialen Bewegung die richtende Kraft. Aber diese Tatsache wird weder von dem nicht proletarischen Teile der Menschheit richtig erfaßt, noch von dem proletarischen. Denn der nicht proletarische leidet nicht unter dem ideologischen Gepräge des modernen Geisteslebens, das er selbst herbeigeführt hat.

Der proletarische Teil leidet darunter. Aber dieses ideologische Gepräge des ihm vererbten Geisteslebens hat ihm den Glauben an die tragende Kraft des Geistesgutes als solchen geraubt. Von der rechten Einsicht in diese Tatsache hängt das Auffinden eines Weges ab, der aus den Wirren der gegenwärtigen sozialen Lage der Menschheit herausführen kann. Durch die gesellschaftliche Ordnung, welche unter dem Einfluß der führenden Menschenklassen beim Heraufkommen der neueren Wirtschaftsform entstanden ist, ist der Zugang zu einem solchen Wege verschlossen worden. *Man wird die Kraft gewinnen müssen, ihn zu öffnen.*

Man wird auf diesem Gebiete zum Umdenken dessen kommen, was man gegenwärtig denkt, wenn man das Gewicht der Tatsache wird richtig empfinden lernen, daß ein gesellschaftliches Zusammenleben der Menschen, in dem das Geistesleben als Ideologie wirkt, eine der Kräfte entbehrt, welche den sozialen Organismus lebensfähig machen. Der gegenwärtige krankt an der Ohnmacht des Geisteslebens. Und die Krankheit wird verschlimmert durch die Abneigung, ihr Bestehen anzuerkennen. Durch die Anerkennung dieser Tatsache wird man eine Grundlage gewinnen, auf der sich ein der sozialen Bewegung entsprechendes Denken entwickeln kann.

Gegenwärtig vermeint der Proletarier eine Grundkraft seiner Seele zu treffen, wenn er von seinem *Klassenbewußtsein* redet. Doch die Wahrheit ist, daß er seit seiner Einspannung in die kapitalistische Wirtschaftsordnung nach einem Geistesleben sucht, das seine Seele tragen kann, das ihm das *Bewußtsein seiner Menschenwürde gibt;* und daß ihm das als ideologisch empfundene Geistesleben dieses Bewußtsein nicht entwickeln kann. Er hat nach *diesem*

Bewußtsein gesucht, und er hat, was er nicht finden konnte, durch das aus dem Wirtschaftsleben geborene *Klassenbewußtsein* ersetzt.

Sein Blick ist wie durch eine mächtige suggestive Kraft bloß hingelenkt worden auf das Wirtschaftsleben. Und nun glaubt er nicht mehr, daß anderswo, in einem Geistigen oder Seelischen, ein Anstoß liegen könne zu dem, was notwendig eintreten müßte auf dem Gebiete der sozialen Bewegung. Er glaubt allein, daß durch die Entwickelung des ungeistigen, unseelischen Wirtschaftslebens *der* Zustand herbeigeführt werden könne, den *er* als den menschenwürdigen empfindet. So wurde er dazu gedrängt, sein Heil allein in einer Umgestaltung des Wirtschaftslebens zu suchen. Zu der Meinung wurde er gedrängt, daß durch bloße Umgestaltung des Wirtschaftslebens verschwinden werde all der Schaden, der herrührt von der privaten Unternehmung, von dem Egoismus des einzelnen Arbeitgebers und von der Unmöglichkeit des einzelnen Arbeitgebers, gerecht zu werden den Ansprüchen auf Menschenwürde, die im Arbeitnehmer leben. So kam der moderne Proletarier dazu, das einzige Heil des sozialen Organismus zu sehen in der Überführung allen Privatbesitzes an Produktionsmitteln in *gemeinschaftlichen Betrieb* oder gar gemeinschaftliches Eigentum. Eine solche Meinung ist dadurch entstanden, daß man gewissermaßen den Blick abgelenkt hat von allem Seelischen und Geistigen und ihn *nur* hingerichtet hat auf den rein ökonomischen Prozeß.

Dadurch stellte sich all das Widerspruchsvolle ein, das in der modernen proletarischen Bewegung liegt. Der moderne Proletarier glaubt, daß aus der Wirtschaft, aus dem Wirtschaftsleben selbst sich alles entwickeln müsse, was ihm zuletzt sein volles Menschenrecht geben werde. Um dies volle Menschenrecht kämpft er. Allein innerhalb seines Strebens tritt etwas auf, was eben niemals aus dem wirtschaftlichen Leben allein als eine Folge auftreten kann. Das ist eine bedeutende, eine eindringliche Sprache redende Tatsache, daß geradezu im Mittelpunkte der verschiedenen Gestaltungen der sozialen Frage aus den Lebensnotwendigkeiten der gegenwärtigen Menschheit heraus etwas liegt, von dem man glaubt, daß es aus dem Wirtschaftsleben selbst hervorgehe, das aber niemals aus diesem *allein* entspringen konnte, das vielmehr in der geraden Fortentwickelungslinie liegt, die über das alte Sklavenwesen durch das Leibeigenenwesen der Feudalzeit zu dem modernen Arbeitsproletariat heraufführt. Wie auch für das moderne Leben die Warenzirkulation, die Geldzirkulation, das Kapitalwesen, der Besitz, Wesen von Grund und Boden und so weiter sich gestaltet haben, *innerhalb* dieses modernen Lebens hat sich etwas herausgebildet, das nicht deutlich ausgesprochen wird, auch von dem modernen Proletarier nicht bewußt empfunden wird, das aber der eigentliche Grundimpuls seines sozialen Wollens ist. Es ist dieses: Die moderne kapitalistische Wirtschaftsordnung kennt im Grunde genommen nur Ware innerhalb ihres Gebietes. Sie kennt Wertbildung dieser Waren innerhalb des wirtschaftlichen Organismus. Und es ist geworden innerhalb des kapitalistischen Organismus der neueren Zeit etwas zu einer *Ware*, von dem heute der Proletarier empfindet: es *darf* nicht Ware sein.

Wenn man einmal einsehen wird, wie stark als einer der Grundimpulse der ganzen modernen proletarischen sozialen Bewegung in den Instinkten, in den unterbewußten Empfindungen des modernen Proletariers ein Abscheu davor lebt, daß er seine Arbeitskraft dem Arbeitgeber ebenso verkaufen muß, wie man auf dem Markte Waren verkauft, der Abscheu davor, daß auf dem Arbeitskräftemarkt nach Angebot und Nachfrage seine Arbeitskraft ihre Rolle spielt, wie die Ware auf dem Markte unter Angebot und Nachfrage, wenn man darauf kommen wird, welche Bedeutung dieser Abscheu vor der Ware Arbeitskraft in der modernen sozialen Bewegung hat, wenn man ganz unbefangen darauf blicken wird, daß, was da wirkt, auch nicht eindringlich und radikal genug von den sozialistischen Theorien ausgesprochen wird, *dann* wir man zu dem ersten Impuls, dem ideologisch empfundenen Geistesleben, den zweiten gefunden haben, von dem gesagt werden muß, daß er heute die soziale Frage zu einer drängenden, ja brennenden macht.

Im Altertum gab es Sklaven. Der *ganze* Mensch wurde wie eine Ware verkauft. Etwas weniger vom Menschen, aber doch eben ein Teil des Menschenwesens selber wurde in den Wirtschaftsprozeß eingegliedert durch die Leibeigenschaft. Der Kapitalismus ist die Macht geworden, die noch einem Rest des Menschenwesens den Charakter der Ware aufdrückt: der Arbeitskraft. Ich will hier nicht sagen, daß diese Tatsache nicht bemerkt worden sei. Im Gegenteil, sie wird im sozialen Leben der Gegenwart als eine fundamentale Tatsache empfunden. Sie wird als etwas gefühlt, was gewichtig in der modernen sozialen Bewegung wirkt. Aber man lenkt, indem man sie betrachtet, den Blick lediglich auf das Wirtschaftsleben. Man macht die Frage über den Warencharakter zu einer bloßen Wirtschaftsfrage. Man glaubt, daß aus dem Wirtschaftsleben heraus selbst die Kräfte kommen müssen, welche einen Zustand herbeiführen, durch den der Proletarier nicht mehr die Eingliederung seiner Arbeitskraft in den sozialen Organismus als seiner unwürdig empfindet. Man sieht, wie die moderne Wirtschaftsform in der neueren geschichtlichen Entwickelung der Menschheit heraufgezogen ist. Man sieht auch, daß diese Wirtschaftsform der menschlichen Arbeitskraft den Charakter der Ware aufgeprägt hat. Aber man sieht nicht, wie es im Wirtschaftsleben selbst liegt, daß alles ihm Eingegliederte zur Ware werden *muß*. In der Erzeugung und in dem zweckmäßigen Verbrauch von Waren besteht das Wirtschaftsleben. Man kann nicht die menschliche Arbeitskraft des Warencharakters entkleiden, wenn man nicht die Möglichkeit findet, sie aus dem Wirtschaftsprozeß herauszureißen. Nicht darauf kann das Bestreben gerichtet sein, den Wirtschaftsprozeß so umzugestalten, daß *in* ihm die menschliche Arbeitskraft zu ihrem Rechte kommt, sondern darauf: Wie bringt man diese Arbeitskraft aus dem Wirtschaftsprozeß heraus, um sie von sozialen Kräften bestimmen zu lassen, die ihr den Warencharakter nehmen? Der Proletarier ersehnt einen Zustand des Wirtschaftslebens, in dem seine Arbeitskraft ihre angemessene Stellung einnimmt. Er ersehnt ihn deshalb, weil er nicht sieht, daß der Warencharakter seiner Arbeitskraft wesentlich von seinem völligen Eingespanntsein in den Wirtschaftsprozeß herrührt. Dadurch, daß er seine Arbeitskraft diesem Prozeß überliefern muß, geht er mit seinem ganzen Menschen in demselben auf. Der Wirtschaftsprozeß strebt so lange durch seinen eigenen Charakter danach, die Arbeitskraft in der zweckmäßigsten Art zu verbrauchen, wie in ihm Waren verbraucht werden, so lange man die Regelung der Arbeitskraft in ihm liegen läßt. Wie hypnotisiert durch die Macht des modernen Wirtschaftslebens, richtet man den Blick allein auf das, was in diesem wirken kann.

Man wird durch diese Blickrichtung nie finden, wie Arbeitskraft nicht mehr Ware zu sein braucht. Denn eine andere Wirtschaftsform wird diese Arbeitskraft nur in einer andern Art zur Ware machen. Die Arbeitsfrage kann man nicht in ihrer wahren Gestalt zu einem Teile der sozialen Frage machen, solange man nicht sieht, daß im Wirtschaftsleben Warenerzeugung, Warenaustausch und Warenkonsumtion nach Gesetzen vor sich gehen, die durch Interessen bestimmt werden, deren Machtbereich nicht über die menschliche Arbeitskraft ausgedehnt werden soll.

Das neuzeitliche Denken hat nicht trennen gelernt die ganz verschiedenen Arten, wie sich auf der einen Seite dasjenige in das Wirtschaftsleben eingliedert, was als Arbeitskraft an den Menschen gebunden ist, und auf der andern Seite dasjenige, was, seinem Ursprunge nach, unverbunden mit dem Menschen auf den Wegen sich bewegt, welche die Ware nehmen muß von ihrer Erzeugung bis zu ihrem Verbrauch. Wird sich durch eine in dieser Richtung gehende gesunde Denkungsart die wahre Gestalt der Arbeitsfrage einerseits zeigen, so wird anderseits sich durch diese Denkart auch erweisen, welche Stellung das Wirtschaftsleben im gesunden sozialen Organismus einnehmen soll.

Man sieht schon hieraus, daß die «soziale Frage» sich in drei besondere Fragen gliedert. Durch die erste wird auf die gesunde Gestalt des Geisteslebens im sozialen Organismus zu deuten sein; durch die zweite wird das Arbeitsverhältnis in seiner rechten Eingliederung in das Gemeinschaftsleben zu betrachten sein; und als drittes wird sich ergeben können, wie das Wirtschaftsleben in diesem Leben wirken soll.

II

DIE VOM LEBEN GEFORDERTEN WIRKLICH-
KEITSGEMÄSSEN LÖSUNGSVERSUCHE FÜR DIE
SOZIALEN FRAGEN UND NOTWENDIGKEITEN

Man kann das Charakteristische, das gerade zu der besondern Gestalt der sozialen Frage in der neueren Zeit geführt hat, wohl *so* aussprechen, daß man sagt: Das Wirtschaftsleben, von der Technik getragen, der moderne Kapitalismus, sie haben mit einer gewissen naturhaften Selbstverständlichkeit gewirkt und die moderne Gesellschaft in eine gewisse innere Ordnung gebracht. Neben der Inanspruchnahme der menschlichen Aufmerksamkeit für dasjenige, was Technik und Kapitalismus gebracht haben, ist die Aufmerksamkeit abgelenkt worden für andere Zweige, andere Gebiete des sozialen Organismus. Diesen muß ebenso notwendig vom menschlichen Bewußtsein aus die rechte Wirksamkeit angewiesen werden, wenn der soziale Organismus gesund sein soll.

Ich darf, um dasjenige, was hier gerade als treibende Impulse einer *umfassenden, allseitigen* Beobachtung über die soziale Frage charakterisiert werden soll, deutlich zu sagen, vielleicht von einem Vergleich ausgehen. Aber es wird zu beachten sein, daß mit diesem Vergleich nichts anderes gemeint sein soll als eben ein Vergleich. Ein solcher kann unterstützen das menschliche Verständnis, um es gerade in diejenige Richtung zu bringen, welche notwendig ist, um sich Vorstellungen zu machen über die Gesundung des sozialen Organismus. Wer von dem hier eingenommenen Gesichtspunkt betrachten muß den kompliziertesten natürlichen

Organismus, den menschlichen Organismus, der muß seine Aufmerksamkeit darauf richten, daß die ganze Wesenheit dieses menschlichen Organismus drei nebeneinander wirksame Systeme aufzuweisen hat, von denen jedes mit einer gewissen Selbständigkeit wirkt. Diese drei nebeneinander wirksamen Systeme kann man etwa in folgender Weise kennzeichnen. Im menschlichen natürlichen Organismus wirkt als ein Gebiet dasjenige System, welches in sich schließt *Nervenleben und Sinnesleben*. Man könnte es auch nach dem wichtigsten Gliede des Organismus, wo Nerven- und Sinnesleben gewissermaßen zentralisiert sind, den *Kopforganismus* nennen.

Als zweites Glied der menschlichen Organisation hat man anzuerkennen, wenn man ein wirkliches Verständnis für sie erwerben will, das, was ich nennen möchte das rhythmische System. Es besteht aus *Atmung, Blutzirkulation,* aus all dem, was sich ausdrückt in *rhythmischen Vorgängen* des menschlichen Organismus.

Als drittes System hat man dann anzuerkennen alles, was als Organe und Tätigkeiten zusammenhängt mit dem *eigentlichen Stoffwechsel.*

In diesen drei Systemen ist enthalten alles dasjenige, was in gesunder Art unterhält, wenn es aufeinander organisiert ist, den Gesamtvorgang des menschlichen Organismus[*].

* Die hier gemeinte Gliederung ist nicht eine solche nach räumlich abgrenzbaren Leibesgliedern, sondern eine solche nach Tätigkeiten (Funktionen) des Organismus. «Kopforganismus» ist nur zu gebrauchen, wenn man sich bewußt ist, daß im Kopfe in erster Linie das Nerven-Sinnesleben zentralisiert ist. Doch ist natürlich im Kopfe auch die rhythmische und die Stoffwechseltätigkeit vorhanden, wie in den andern Leibesgliedern die Nerven-Sinnestätigkeit vorhanden ist. Trotzdem sind die drei Arten der Tätigkeit *ihrer Wesenheit nach* streng voneinander geschieden.

Ich habe versucht, in vollem Einklange mit all dem, was naturwissenschaftliche Forschung schon heute sagen kann, diese Dreigliederung des menschlichen natürlichen Organismus wenigstens zunächst skizzenweise in meinem Buche «Von Seelenrätseln» zu charakterisieren. Ich bin mir klar darüber, daß Biologie, Physiologie, die gesamte Naturwissenschaft mit Bezug auf den Menschen in der allernächsten Zeit zu einer solchen Betrachtung des menschlichen Organismus hindrängen werden, welche durchschaut, wie diese drei Glieder – Kopfsystem, Zirkulationssystem oder Brustsystem und Stoffwechselsystem – dadurch den Gesamtvorgang im menschlichen Organismus aufrechterhalten, daß sie in einer gewissen Selbständigkeit wirken, daß *nicht* eine absolute Zentralisation des menschlichen Organismus vorliegt, daß auch jedes dieser Systeme ein besonderes, für sich bestehendes Verhältnis zur Außenwelt hat. Das Kopfsystem durch die Sinne, das Zirkulationssystem oder rhythmische System durch die Atmung, und das Stoffwechselsystem durch die Ernährungs- und Bewegungsorgane.

Man ist mit Bezug auf naturwissenschaftliche Methoden noch nicht ganz so weit, um dasjenige, was ich hier angedeutet habe, was aus geisteswissenschaftlichen Untergründen heraus für die Naturwissenschaft von mir zu verwerten gesucht worden ist, auch schon innerhalb der naturwissenschaftlichen Kreise selbst zur allgemeinen Anerkennung in einem solchen Grade zu bringen, wie das wünschenswert für den Erkenntnisfortschritt erscheinen kann. Das bedeutet aber: Unsere Denkgewohnheiten, unsere ganze Art, die Welt vorzustellen, ist noch nicht vollständig angemessen dem, was zum Beispiel im menschlichen Organismus sich als die innere Wesenheit des Naturwirkens darstellt. Man könnte nun wohl sagen: Nun ja, die Naturwissenschaft kann warten, sie wird nach und nach ihren Idealen zueilen, sie wird schon dahin kommen, solch eine Betrachtungsweise als die ihrige anzuerkennen. Aber mit Bezug auf die Betrachtung und namentlich das Wirken des sozialen Organismus kann man nicht warten. Da muß nicht nur bei irgendwelchen Fachmännern, sondern da muß in jeder Menschenseele – denn jede Menschenseele nimmt teil an der Wirksamkeit für den sozialen Organismus – wenigstens eine instinktive Erkenntnis von dem vorhanden sein, was diesem sozialen Organismus notwendig ist. Ein gesundes Denken und Empfinden, ein gesundes Wollen und Begehren mit Bezug auf die Gestaltung des sozialen Organismus kann sich nur entwickeln, wenn man, sei es auch mehr oder weniger bloß instinktiv, sich klar darüber ist, daß dieser soziale Organismus, soll er gesund sein, ebenso dreigliedrig sein muß wie der natürliche Organismus.

Es ist nun, seit *Schäffle* sein Buch geschrieben hat über den Bau des sozialen Organismus, versucht worden, Analogien aufzusuchen zwischen der Organisation eines Naturwesens – sagen wir, der Organisation des Menschen – und der menschlichen Gesellschaft als solcher. Man hat feststellen wollen, was im sozialen Organismus die Zelle ist, was Zellengefüge sind, was Gewebe sind und so weiter! Noch vor kurzem ist ja ein Buch erschienen von *Meray*, «Weltmutation», in dem gewisse naturwissenschaftliche Tatsachen und naturwissenschaftliche Gesetze einfach übertragen werden auf – wie man meint – den menschlichen Gesellschaftsorganismus. Mit all diesen Dingen, mit all diesen Analogie-Spielereien hat dasjenige, was hier gemeint ist, absolut nichts zu tun. Und wer meint, auch in diesen Betrachtungen werde ein solches Analogienspiel zwischen dem natürlichen Organismus und dem gesellschaftlichen getrieben, der wird dadurch nur beweisen, daß er nicht in den Geist des hier Gemeinten eingedrungen ist. Denn nicht wird hier angestrebt, irgendeine für naturwissenschaftliche Tatsachen passende Wahrheit herüber zu verpflanzen auf den sozialen Organismus; sondern das völlig andere, daß das menschliche Denken, das menschliche Empfinden lerne, das Lebensmögliche an der Betrachtung des naturgemäßen Organismus zu empfinden und dann diese Empfindungsweise anwenden könne auf den sozialen Organismus. Wenn man einfach das, was man glaubt gelernt zu haben am natürlichen Organismus, überträgt auf den sozialen Organismus, wie es oft geschieht, so zeigt man damit nur, daß man sich nicht die Fähigkeiten aneignen will, den sozialen Organismus ebenso selbständig, ebenso für sich zu betrachten, nach dessen eigenen Gesetzen zu forschen, wie man dies nötig hat für das Verständnis des natürlichen Organismus. In dem Augenblicke, wo man wirklich sich objektiv, wie sich der Naturforscher gegenüberstellt dem natürlichen Organismus, dem sozialen Organismus in seiner Selbständigkeit gegenüberstellt, um dessen eigene Gesetze zu empfinden, in diesem Augenblicke hört gegenüber dem Ernst der Betrachtung jedes Analogiespiel auf.

Man könnte auch denken, der hier gegebenen Darstellung liege der Glaube zugrunde, der soziale Organismus solle von einer grauen, der Naturwissenschaft nachgebildeten Theorie aus «aufgebaut» werden. Das aber liegt dem, wovon hier gesprochen wird, so ferne wie nur möglich. Auf ganz anderes soll hingedeutet werden. Die gegenwärtige geschichtliche Menschheitskrisis fordert, daß gewisse *Empfindungen* entstehen *in jedem einzelnen Menschen,* daß die Anregung zu diesen Empfindungen von dem Erziehungs- und Schulsystem so gegeben werde, wie diejenige zur Erlernung der vier Rechnungsarten. Was bisher ohne die bewußte Aufnahme in das menschliche Seelenleben die alten Formen des sozialen Organismus ergeben hat, das wird in der Zukunft nicht mehr wirksam sein. Es gehört zu den Entwickelungsimpulsen, die von der Gegenwart an neu in das Menschenleben eintreten wollen, daß die angedeuteten Empfindungen von dem einzelnen Menschen so gefordert werden, wie seit langem eine gewisse Schulbildung gefordert wird. Daß man gesund empfinden lernen müsse, wie die Kräfte des sozialen Organismus wirken sollen, damit dieser lebensfähig sich erweist, das wird, von der Gegenwart an, von dem Menschen gefordert. Man wird sich ein Gefühl davon aneignen müssen, daß es ungesund, antisozial ist, *nicht* sich mit solchen Empfindungen in diesen Organismus hineinstellen zu wollen.

Man kann heute von «Sozialisierung» als von dem reden hören, was der Zeit nötig ist. Diese Sozialisierung wird kein Heilungsprozeß, sondern ein Kurpfuscherprozeß am sozialen Organismus sein, vielleicht sogar ein Zerstörungsprozeß, wenn nicht in die menschlichen Herzen, in die menschlichen Seelen einzieht wenigstens die *instinktive* Erkenntnis von der Notwendigkeit der *Dreigliederung des sozialen Organismus.* Dieser soziale Organismus muß, wenn er gesund wirken soll, drei solche Glieder gesetzmäßig ausbilden.

Eines dieser Glieder ist das Wirtschaftsleben. Hier soll mit seiner Betrachtung begonnen werden, weil es sich ja ganz augenscheinlich, alles übrige Leben beherrschend, durch

61

die moderne Technik und den modernen Kapitalismus in die menschliche Gesellschaft hereingebildet hat. Dieses ökonomische Leben muß ein selbständiges Glied für sich innerhalb des sozialen Organismus sein, so relativ selbständig, wie das Nerven-Sinnes-System im menschlichen Organismus relativ selbständig ist. Zu tun hat es dieses Wirtschaftsleben mit all dem, was Warenproduktion, Warenzirkulation, Warenkonsum ist.

Als *zweites Glied* des sozialen Organismus ist zu betrachten das Leben des öffentlichen Rechtes, das eigentliche politische Leben. Zu ihm gehört dasjenige, das man im Sinne des alten Rechtsstaates als das eigentliche Staatsleben bezeichnen könnte. Während es das Wirtschaftsleben mit all dem zu tun hat, was der Mensch braucht aus der Natur und aus seiner eigenen Produktion heraus, mit Waren, Warenzirkulation und Warenkonsum, kann es dieses zweite Glied des sozialen Organismus nur zu tun haben mit all dem, was sich aus rein menschlichen Untergründen heraus auf das Verhältnis des Menschen zum Menschen bezieht. Es ist wesentlich für die Erkenntnis der Glieder des sozialen Organismus, daß man weiß, welcher Unterschied besteht zwischen dem System des öffentlichen Rechtes, das es nur zu tun haben kann aus menschlichen Untergründen heraus mit dem Verhältnis von Mensch zu Mensch, und dem Wirtschafts-System, das es *nur* zu tun hat mit Warenproduktion, Warenzirkulation, Warenkonsum. Man muß dieses im Leben empfindend unterscheiden, damit sich als Folge dieser Empfindung das Wirtschafts- von dem Rechtsleben scheidet, wie im menschlichen natürlichen Organismus die Tätigkeit der Lunge zur Verarbeitung der äußeren Luft sich abscheidet von den Vorgängen im Nerven-Sinnesleben.

Als drittes Glied, das ebenso selbständig sich neben die beiden andern Glieder hinstellen muß, hat man im sozialen Organismus das aufzufassen, was sich auf das geistige Leben bezieht. Noch genauer könnte man sagen, weil vielleicht die Bezeichnung «geistige Kultur» oder alles das, was sich auf das geistige Leben bezieht, durchaus nicht ganz genau ist: alles dasjenige, was beruht auf der natürlichen Begabung des einzelnen menschlichen Individuums, was hineinkommen muß in den sozialen Organismus auf Grundlage dieser natürlichen, sowohl der geistigen wie der physischen Begabung des einzelnen menschlichen Individuums. Das erste System, das Wirtschaftssystem, hat es zu tun mit all dem, was da sein muß, damit der Mensch sein materielles Verhältnis zur Außenwelt regeln kann. Das zweite System hat es zu tun mit dem, was da sein muß im sozialen Organismus wegen des Verhältnisses von Mensch zu Mensch. Das dritte System hat zu tun mit all dem, was hervorsprießen muß und eingegliedert werden muß in den sozialen Organismus aus der einzelnen menschlichen Individualität heraus.

Ebenso wahr, wie es ist, daß moderne Technik und moderner Kapitalismus unserm gesellschaftlichen Leben eigentlich in der neueren Zeit das Gepräge gegeben haben, ebenso notwendig ist es, daß diejenigen Wunden, die von dieser Seite her notwendig der menschlichen Gesellschaft geschlagen worden sind, dadurch geheilt werden, daß man den Menschen und das *menschliche Gemeinschaftsleben* in ein richtiges Verhältnis bringt zu den drei Gliedern dieses sozialen Organismus. Das Wirtschaftsleben hat einfach durch sich selbst in der neueren Zeit ganz bestimmte Formen angenommen. Es hat durch eine einseitige Wirksamkeit in das menschliche Leben sich besonders machtvoll hereingestellt. Die andern beiden Glieder des sozialen Lebens sind bisher nicht in der Lage gewesen, mit derselben Selbstverständlichkeit sich in der richtigen Weise nach ihren eigenen Gesetzen in den sozialen Organismus einzugliedern. Für sie ist es notwendig, daß der Mensch aus den oben angedeuteten Empfindungen heraus die soziale Gliederung vornimmt, jeder an seinem Orte; an dem Orte, an dem er gerade steht. Denn im Sinne derjenigen Lösungsversuche der sozialen Fragen, die hier gemeint sind, hat jeder einzelne Mensch seine soziale Aufgabe in der Gegenwart und in der nächsten Zukunft.

Dasjenige, was das erste Glied des sozialen Organismus ist, das Wirtschaftsleben, das ruht zunächst auf der Naturgrundlage geradeso, wie der einzelne Mensch mit Bezug auf dasjenige, was er für sich durch Lernen, durch Erziehung, durch das Leben werden kann, ruht auf der Begabung seines geistigen und körperlichen Organismus. Diese Naturgrundlage drückt einfach dem Wirtschaftsleben und dadurch dem gesamten sozialen Organismus sein Gepräge auf. Aber diese Naturgrundlage ist da, ohne daß sie durch irgendeine soziale Organisation, durch irgendeine Sozialisierung in ursprünglicher Art getroffen werden kann. Sie muß dem Leben des sozialen Organismus so zugrunde gelegt werden, wie bei der Erziehung des Menschen zugrunde gelegt werden muß die Begabung, die er auf den verschiedenen Gebieten hat, seine natürliche körperliche und geistige Tüchtigkeit. Von jeder Sozialisierung, von jedem Versuche, dem menschlichen Zusammenleben eine wirtschaftliche Gestaltung zu geben, muß berücksichtigt werden die Naturgrundlage. Denn aller Warenzirkulation und auch aller menschlichen

Arbeit und auch jeglichem geistigen Leben liegt zugrunde als ein erstes elementarisches Ursprüngliches dasjenige, was den Menschen kettet an ein bestimmtes Stück Natur. Man muß über den Zusammenhang des sozialen Organismus mit der Naturgrundlage denken, wie man mit Bezug auf Lernen beim einzelnen Menschen denken muß über sein Verhältnis zu seiner Begabung. Man kann gerade sich dieses klarmachen an extremen Fällen. Man braucht zum Beispiel nur zu bedenken, daß in gewissen Gebieten der Erde, wo die Banane ein naheliegendes Nahrungsmittel für die Menschen abgibt, in Betracht kommt für das menschliche Zusammenleben dasjenige an Arbeit, was aufgebracht werden muß, um die Banane von ihrer Ursprungsstätte aus an einen Bestimmungsort zu bringen und sie zu einem Konsummittel zu machen. Vergleicht man die menschliche Arbeit, die aufgebracht werden muß, um die *Banane* für die menschliche Gesellschaft konsumfähig zu machen, mit der Arbeit, die aufgebracht werden muß, etwa in unsern Gegenden Mitteleuropas, um den Weizen konsumfähig zu machen, so ist die Arbeit, die für die Banane notwendig ist, gering gerechnet, eine dreihundertmal kleinere als beim Weizen.

Gewiß, das ist ein extremer Fall. Aber solche Unterschiede mit Bezug auf das notwendige Maß von Arbeit im Verhältnis zu der Naturgrundlage sind auch da unter den Produktionszweigen, die in irgendeinem sozialen Organismus Europas vertreten sind, – nicht in dieser radikalen Verschiedenheit wie bei Banane und Weizen, aber sie sind als Unterschiede da. So ist es im Wirtschaftsorganismus begründet, daß durch das Verhältnis des Menschen zur Naturgrundlage seines Wirtschaftens das Maß von Arbeitskraft bedingt ist, das er in den Wirtschaftsprozeß hineintragen muß. Und man braucht ja nur zum Beispiel zu vergleichen: in *Deutschland*, in Gegenden mit mittlerer Ertragsfähigkeit, ist ungefähr das Erträgnis der Weizenkultur so, daß das *Sieben- bis Achtfache* der Aussaat einkommt durch die Ernte; in *Chile* kommt das *Zwölffache* herein, in *Nordmexiko* kommt das *Siebzehnfache* ein, in *Peru* das *Zwanzigfache*. (Vergleiche Jentsch, Volkswirtschaftslehre, S. 64.)

Dieses ganze zusammengehörige Wesen, welches verläuft in Vorgängen, die beginnen mit dem Verhältnis des Menschen zur Natur, die sich fortsetzen in all dem, was der Mensch zu tun hat, um die Naturprodukte umzuwandeln und sie bis zur Konsumfähigkeit zu bringen, alle diese Vorgänge und nur diese umschließen für einen gesunden sozialen Organismus sein Wirtschaftsglied. Dieses steht im sozialen Organismus wie das Kopfsystem, von dem die individuellen Begabungen bedingt sind, im menschlichen Gesamtorganismus drinnen steht. Aber wie dieses Kopfsystem von dem Lungen-Herzsystem abhängig ist, so ist das Wirtschaftssystem von der menschlichen Arbeitsleistung abhängig. Wie nun aber der Kopf nicht selbständig die Atemregelung hervorbringen kann, so sollte das menschliche Arbeitssystem nicht durch die im Wirtschaftsleben wirksamen Kräfte selbst geregelt werden.

In dem Wirtschaftsleben steht der Mensch durch seine Interessen darinnen. Diese haben ihre Grundlage in seinen seelischen und geistigen Bedürfnissen. Wie den Interessen am zweckmäßigsten entsprochen werden kann innerhalb eines sozialen Organismus, so daß der einzelne Mensch durch diesen Organismus in der bestmöglichen Art zur Befriedigung seines Interesses kommt, und er auch in vorteilhaftester Art sich in die Wirtschaft hineinstellen kann:

diese Frage muß praktisch in den Einrichtungen des Wirtschaftskörpers gelöst sein. Das kann nur dadurch sein, daß die Interessen sich wirklich frei geltend machen können und daß auch der Wille und die Möglichkeit entstehen, das Nötige zu ihrer Befriedigung zu tun. Die Entstehung der Interessen liegt außerhalb des Kreises, der das Wirtschaftsleben umgrenzt. Sie bilden sich mit der Entfaltung des seelischen und natürlichen Menschenwesens. Daß Einrichtungen bestehen, sie zu befriedigen, ist die Aufgabe des Wirtschaftslebens. Diese Einrichtungen können es mit nichts anderem zu tun haben als allein mit der Herstellung und dem Tausch von Waren, das heißt von Gütern, die ihren Wert durch das menschliche Bedürfnis erhalten. Die Ware hat ihren Wert durch denjenigen, der sie verbraucht. Dadurch, daß die Ware ihren Wert durch den Verbraucher erhält, steht sie in einer ganz anderen Art im sozialen Organismus als anderes, das für den Menschen als Angehörigen dieses Organismus Wert hat. Man sollte unbefangen das Wirtschaftsleben betrachten, in dessen Umkreis Warenerzeugung, Warenaustausch und Warenverbrauch gehören. Man wird den *wesenhaften* Unterschied nicht *bloß* betrachtend bemerken, welcher besteht zwischen dem Verhältnis von Mensch zu Mensch, indem der eine für den anderen Waren erzeugt, und demjenigen, das auf einem Rechtsverhältnis beruhen muß. Man wird von der Betrachtung zu der praktischen Forderung kommen, daß im sozialen Organismus das Rechtsleben völlig von dem Wirtschaftsleben abgesondert gehalten werden muß. Aus den Tätigkeiten, welche die Menschen innerhalb der Einrichtungen zu entwickeln haben, die der Warenerzeugung und dem Warenaustausch dienen, können sich unmittelbar nicht die möglichst besten Impulse ergeben für die rechtlichen Verhältnisse, die unter den Menschen bestehen müssen. Innerhalb der Wirtschaftseinrichtungen wendet sich der Mensch an den Menschen, weil der eine dem Interesse des andern dient; grundverschieden davon ist die Beziehung, welche der eine Mensch zu dem andern innerhalb des Rechtslebens hat.

Man könnte nun glauben, dieser vom Leben geforderten Unterscheidung wäre schon Genüge geschehen, wenn innerhalb der Einrichtungen, die dem Wirtschaftsleben dienen, auch für die Rechte gesorgt werde, welche in den Verhältnissen der in dieses Wirtschaftsleben hineingestellten Menschen zueinander bestehen müssen. – Ein solcher Glaube hat seine Wurzeln nicht in der Wirklichkeit des Lebens. Der Mensch kann nur dann das Rechtsverhältnis richtig erleben, das zwischen ihm und anderen Menschen bestehen muß, wenn er dieses Verhältnis *nicht* auf dem Wirtschaftsgebiet erlebt, sondern auf einem davon völlig getrennten Boden. Es muß deshalb im gesunden sozialen Organismus *neben* dem Wirtschaftsleben und in Selbständigkeit ein Leben sich entfalten, in dem die Rechte entstehen und verwaltet werden, die von Mensch zu Mensch bestehen. Das Rechtsleben ist aber dasjenige des eigentlichen politischen Gebietes, des Staates. Tragen die Menschen diejenigen Interessen, denen sie in ihrem Wirtschaftsleben dienen müssen, in die Gesetzgebung und Verwaltung des Rechtsstaates hinein, so werden die entstehenden Rechte nur der Ausdruck dieser wirtschaftlichen Interessen sein. Ist der Rechtsstaat selbst Wirtschafter, so verliert er die Fähigkeit, das Rechtsleben der Menschen zu regeln. Denn seine Maßnahmen und Einrichtungen werden dem menschlichen

Bedürfnisse nach Waren dienen müssen; sie werden dadurch abgedrängt von den Impulsen, die auf das Rechtsleben gerichtet sind.

Der gesunde soziale Organismus erfordert als zweites Glied neben dem Wirtschaftskörper das selbständige politische Staatsleben. In dem selbständigen Wirtschaftskörper werden die Menschen durch die Kräfte des wirtschaftlichen Lebens zu Einrichtungen kommen, welche der Warenerzeugung und dem Warenaustausch in der möglichst besten Weise dienen. In dem politischen Staatskörper werden solche Einrichtungen entstehen, welche die gegenseitigen Beziehungen zwischen Menschen und Menschengruppen in solcher Art orientieren, daß dem Rechtsbewußtsein des Menschen entsprochen wird.

Der Gesichtspunkt, von dem aus hier die gekennzeichnete Forderung nach völliger Trennung des Rechtsstaates von dem Wirtschaftsgebiet gestellt wird, ist ein solcher, der im *wirklichen* Menschenleben drinnen liegt. Einen solchen Gesichtspunkt nimmt derjenige nicht ein, der Rechtsleben und Wirtschaftsleben miteinander verbinden will. Die im wirtschaftlichen Leben stehenden Menschen haben selbstverständlich das Rechtsbewußtsein; aber sie werden *nur* aus diesem heraus und nicht aus den wirtschaftlichen Interessen Gesetzgebung und Verwaltung im Sinne des Rechtes besorgen, wenn sie darüber zu urteilen haben in dem Rechtsstaat, der als solcher an dem Wirtschaftsleben keinen Anteil hat. Ein solcher Rechtsstaat hat seinen eigenen Gesetzgebungs- und Verwaltungskörper, die beide nach den Grundsätzen aufgebaut sind, welche sich aus dem Rechtsbewußtsein der neueren Zeit ergeben. Er wird aufgebaut sein auf den Impulsen im Menschheitsbewußtsein, die man

gegenwärtig die demokratischen nennt. Das Wirtschaftsgebiet wird aus den Impulsen des Wirtschaftslebens heraus seine Gesetzgebungs- und Verwaltungskörperschaften
bilden. Der notwendige Verkehr zwischen *den Leitungen*
des Rechts- und Wirtschaftskörpers wird erfolgen annähernd
wie gegenwärtig der zwischen den Regierungen souveräner
Staatsgebiete. Durch diese Gliederung wird, was in dem
einen Körper sich entfaltet, auf dasjenige, was im andern
entsteht, die notwendige Wirkung ausüben können. Diese
Wirkung wird dadurch gehindert, daß das eine Gebiet in
sich selbst das entfalten will, was ihm von dem anderen
zufließen soll.

Wie das Wirtschaftsleben auf der einen Seite den Bedingungen der Naturgrundlage (Klima, geographische
Beschaffenheit des Gebietes, Vorhandensein von Boden-
schätzen und so weiter) unterworfen ist, so ist es auf der
andern Seite von den Rechtsverhältnissen abhängig, welche
der Staat zwischen den wirtschaftenden Menschen und
Menschengruppen schafft. Damit sind die Grenzen dessen
bezeichnet, was die Tätigkeit des Wirtschaftslebens umfassen
kann und soll. Wie die Natur Vorbedingungen schafft, die
außerhalb des Wirtschaftskreises liegen und die der wirt-
schaftende Mensch hinnehmen muß als etwas Gegebenes,
auf das er erst seine Wirtschaft aufbauen kann, so soll alles,
was im Wirtschaftsbereich ein Rechtsverhältnis begründet
von Mensch zu Mensch, im gesunden sozialen Organismus
durch den Rechtsstaat seine Regelung erfahren, der wie die
Naturgrundlage als etwas dem Wirtschaftsleben selbständig
Gegenüberstehendes sich entfaltet.

In dem sozialen Organismus, der sich im bisherigen
geschichtlichen Werden der Menschheit herausgebildet hat

und der durch das Maschinenzeitalter und durch die moderne kapitalistische Wirtschaftsform zu dem geworden ist, was der sozialen Bewegung ihr Gepräge gibt, umfaßt das Wirtschaftsleben mehr, als es im gesunden sozialen Organismus umfassen soll. Gegenwärtig bewegt sich in dem wirtschaftlichen Kreislauf, in dem sich bloß *Waren* bewegen sollen, auch die menschliche Arbeitskraft, und es bewegen sich auch Rechte. Man kann gegenwärtig in dem Wirtschaftskörper, der auf der Arbeitsteilung beruht, nicht allein Waren tauschen gegen Waren, sondern durch denselben wirtschaftlichen Vorgang auch Waren gegen Arbeit und Waren gegen Rechte. (Ich nenne Ware jede Sache, die durch menschliche Tätigkeit zu dem geworden ist, als das sie an irgendeinem Orte, an den sie durch den Menschen gebracht wird, ihrem Verbrauch zugeführt wird. Mag diese Bezeichnung manchem Volkswirtschaftslehrer auch anstößig oder nicht genügend erscheinen, sie kann zur Verständigung über das, was dem Wirtschaftsleben angehören soll, ihre guten Dienste tun*.) Wenn jemand durch Kauf ein Grundstück erwirbt, so muß das als ein Tausch des Grundstückes gegen Waren, für die das Kaufgeld als Repräsentant zu gelten hat, angesehen werden. Das Grundstück selber aber wirkt im Wirtschaftsleben nicht als Ware. Es steht in dem sozialen Organismus durch das *Recht* darinnen, das der Mensch auf

---

* Es kommt eben bei einer Darlegung, die im Dienste des Lebens gemacht wird, nicht darauf an, Definitionen zu geben, die aus einer Theorie heraus stammen, sondern Ideen, die verbildlichen, was in der Wirklichkeit eine lebensvolle Rolle spielt. «Ware», im obigen Sinne gebraucht, weist auf etwas hin, was der Mensch erlebt; jeder andere Begriff von «Ware» läßt etwas weg oder fügt etwas hinzu, so daß sich der Begriff mit den Lebensvorgängen in ihrer wahren Wirklichkeit nicht deckt.

seine Benützung hat. Dieses Recht ist etwas wesentlich anderes als das Verhältnis, in dem sich der Produzent einer Ware zu dieser befindet. In dem letzteren Verhältnis liegt es wesenhaft begründet, daß es nicht übergreift auf die ganz anders geartete Beziehung von Mensch zu Mensch, die dadurch hergestellt wird, daß jemandem die alleinige Benützung eines Grundstückes zusteht. Der Besitzer bringt andere Menschen, die zu ihrem Lebensunterhalt von ihm zur Arbeit auf diesem Grundstück angestellt werden, oder die darauf wohnen müssen, in Abhängigkeit von sich. Dadurch, daß man gegenseitig wirkliche Waren tauscht, die man produziert oder konsumiert, stellt sich eine Abhängigkeit nicht ein, welche in derselben Art zwischen Mensch und Mensch wirkt.

Wer eine solche Lebenstatsache unbefangen durchschaut, dem wird einleuchten, daß sie ihren Ausdruck finden muß in den Einrichtungen des gesunden sozialen Organismus. Solange Waren gegen Waren im Wirtschaftsleben ausgetauscht werden, bleibt die Wertgestaltung dieser Waren unabhängig von dem Rechtsverhältnisse zwischen Personen und Personengruppen. Sobald Waren gegen Rechte eingetauscht werden, wird das Rechtsverhältnis selbst berührt. Nicht auf den Tausch als solchen kommt es an. Dieser ist das notwendige Lebenselement des gegenwärtigen, auf Arbeitsteilung ruhenden sozialen Organismus; sondern es handelt sich darum, daß durch den Tausch des Rechtes mit der Ware das Recht selbst zur Ware gemacht wird, wenn das Recht *innerhalb* des Wirtschaftslebens entsteht. Das wird nur dadurch verhindert, daß im sozialen Organismus einerseits Einrichtungen bestehen, die *nur* darauf abzielen, den Kreislauf der Waren in der zweckmäßigsten Weise zu bewirken; und anderseits solche, welche die im Waren-austausch lebenden Rechte der produzierenden, Handel treibenden und konsumierenden Personen regeln. *Diese* Rechte unterscheiden sich ihrem Wesen nach gar nicht von anderen Rechten, die in dem vom Warenaustausch ganz unabhängigen Verhältnis von Person zu Person bestehen müssen. Wenn ich meinen Mitmenschen durch den Verkauf einer Ware schädige oder fördere, so gehört das in das gleiche Gebiet des sozialen Lebens wie eine Schädigung oder Förderung durch eine Tätigkeit oder Unterlassung, die unmittelbar nicht in einem Warenaustausch zum Aus-druck kommt.

In der Lebenshaltung des einzelnen Menschen fließen die Wirkungen aus den Rechtseinrichtungen mit denen aus der rein wirtschaftlichen Tätigkeit zusammen. Im gesunden sozialen Organismus müssen sie aus zwei verschiedenen Richtungen kommen. In der wirtschaftlichen Organisation hat die aus der Erziehung für einen Wirtschaftszweig und die aus der Erfahrung in demselben gewonnene Vertraut-heit mit ihm für die leitenden Persönlichkeiten die nötigen Gesichtspunkte abzugeben. In der Rechtsorganisation wird durch Gesetz und Verwaltung verwirklicht, was aus dem Rechtsbewußtsein als Beziehung einzelner Menschen oder Menschengruppen zueinander gefordert wird. Die Wirt-schaftsorganisation wird Menschen mit gleichen Berufs-oder Konsuminteressen oder mit in anderer Beziehung gleichen Bedürfnissen sich zu Genossenschaften zusammen-schließen lassen, die im gegenseitigen Wechselverkehr die Gesamtwirtschaft zustande bringen. Diese Organisation wird sich auf assoziativer Grundlage und auf dem Ver-hältnis der Assoziationen aufbauen. Diese Assoziationen werden eine bloß wirtschaftliche Tätigkeit entfalten. Die Rechtsgrundlage, auf der sie arbeiten, kommt ihnen von der Rechtsorganisation zu. Wenn solche Wirtschaftsassoziationen ihre wirtschaftlichen Interessen in den Vertretungs- und Verwaltungskörpern der Wirtschaftsorganisation zur Geltung bringen können, dann werden sie nicht den Drang entwickeln, in die gesetzgebende oder verwaltende Leitung des Rechtsstaates einzudringen (zum Beispiel als Bund der Landwirte, als Partei der Industriellen, als wirtschaftlich orientierte Sozialdemokratie), um da anzustreben, was ihnen innerhalb des Wirtschaftslebens zu erreichen nicht möglich ist. Und wenn der Rechtsstaat in gar keinem Wirtschaftszweige mitwirtschaftet, dann wird er nur Einrichtungen schaffen, die aus dem Rechtsbewußtsein der zu ihm gehörenden Menschen stammen. Auch wenn in der Vertretung des Rechtsstaates, wie es ja selbstverständlich ist, dieselben Personen sitzen, die im Wirtschaftsleben tätig sind, so wird sich durch die Gliederung in Wirtschafts- und in Rechtsleben nicht ein Einfluß des Wirtschafts- auf das Rechtsleben ergeben können, der die Gesundheit des sozialen Organismus so untergräbt, wie sie untergraben werden kann, wenn die Staatsorganisation selbst Zweige des Wirtschaftslebens versorgt, und wenn in derselben die Vertreter des Wirtschaftslebens aus dessen Interessen heraus Gesetze beschließen.

Ein typisches Beispiel von Verschmelzung des Wirtschaftslebens mit dem Rechtsleben bot Österreich mit der Verfassung, die es sich in den sechziger Jahren des neunzehnten Jahrhunderts gegeben hat. Die Vertreter des Reichsrates dieses Ländergebietes wurden aus den vier Zweigen des Wirtschaftslebens heraus gewählt, aus der Gemeinschaft der Großgrundbesitzer, der Handelskammern, der Städte, Märkte und Industrialorte und der Landgemeinden. Man sieht, daß für diese Zusammensetzung der Staatsvertretung an gar nichts anderes in erster Linie gedacht wurde, als daß aus der Geltendmachung der wirtschaftlichen Verhältnisse sich das Rechtsleben ergeben werde. Gewiß ist, daß zu dem gegenwärtigen Zerfall Österreichs die auseinandertreibenden Kräfte seiner Nationalitäten bedeutsam mitgewirkt haben. Allein als ebenso gewiß kann es gelten, daß eine Rechtsorganisation, die neben der wirtschaftlichen ihre Tätigkeit hätte entfalten können, aus dem Rechtsbewußtsein heraus eine Gestaltung des sozialen Organismus würde entwickelt haben, in der ein Zusammenleben der Völker möglich geworden wäre.

Der gegenwärtig am öffentlichen Leben interessierte Mensch lenkt gewöhnlich seinen Blick auf Dinge, die erst in zweiter Linie für dieses Leben in Betracht kommen. Er tut dieses, weil ihn seine Denkgewohnheit dazu bringt, den sozialen Organismus als ein einheitliches Gebilde aufzufassen. Für ein *solches* Gebilde aber kann sich kein ihm entsprechender Wahlmodus finden. Denn bei *jedem* Wahlmodus müssen sich im Vertretungskörper die wirtschaftlichen Interessen und die Impulse des Rechtslebens stören. Und was aus der Störung für das soziale Leben fließt, *muß* zu Erschütterungen des Gesellschaftsorganismus führen. Obenan als notwendige Zielsetzung des öffentlichen Lebens muß gegenwärtig das Hinarbeiten auf eine durchgreifende Trennung des Wirtschaftslebens und der Rechtsorganisation stehen. Indem man sich in diese Trennung hineinlebt, werden die sich trennenden Organisationen aus ihren eigenen Grundlagen heraus die besten Arten für die Wahlen ihrer

Gesetzgeber und Verwalter finden. In dem, was gegenwärtig zur Entscheidung drängt, kommen Fragen des Wahlmodus, wenn sie auch als solche von fundamentaler Bedeutung sind, doch erst in zweiter Linie in Betracht. Wo die alten Verhältnisse noch vorhanden sind, wäre aus diesen heraus auf die angedeutete Gliederung hinzuarbeiten. Wo das Alte sich bereits aufgelöst hat, oder in der Auflösung begriffen ist, müßten Einzelpersonen und Bündnisse zwischen Personen die Initiative zu einer Neugestaltung versuchen, die sich in der gekennzeichneten Richtung bewegt. Von heute zu morgen eine Umwandlung des öffentlichen Lebens herbeiführen zu wollen, das sehen auch vernünftige Sozialisten als Schwarmgeisterei an. Solche erwarten die von ihnen gemeinte Gesundung durch eine allmähliche, sachgemäße Umwandlung. Daß aber die geschichtlichen Entwickelungskräfte der Menschheit gegenwärtig ein vernünftiges Wollen nach der Richtung einer sozialen Neuordnung notwendig machen, das können jedem Unbefangenen weithinleuchtende Tatsachen lehren.

Wer für «praktisch durchführbar» nur dasjenige hält, an das er sich aus engem Lebensgesichtskreis heraus gewöhnt hat, der wird das hier Angedeutete für «unpraktisch» halten. Kann er sich nicht bekehren, und behält er auf irgendeinem Lebensgebiete Einfluß, dann wird er nicht zur Gesundung, sondern zur weiteren Erkrankung des sozialen Organismus wirken, wie Leute seiner Gesinnung an der Herbeiführung der gegenwärtigen Zustände gewirkt haben.

Die Bestrebung, mit der führende Kreise der Menschheit begonnen haben und die zur Überleitung gewisser Wirtschaftszweige (Post, Eisenbahnen und so weiter) in das Staatsleben geführt hat, muß der entgegengesetzten weichen:

der Herauslösung alles Wirtschaftens aus dem Gebiete des politischen Staatswesens. Denker, welche mit ihrem Wollen glauben, sich in der Richtung nach einem gesunden sozialen Organismus zu befinden, ziehen die äußerste Folgerung der Verstaatlichungsbestrebungen dieser bisher leitenden Kreise. Sie wollen die Vergesellschaftung aller Mittel des Wirtschaftslebens, insofern diese Produktionsmittel sind. Eine gesunde Entwickelung wird dem wirtschaftlichen Leben seine Selbständigkeit geben und dem politischen Staate die Fähigkeit, durch die Rechtsordnung auf den Wirtschaftskörper so zu wirken, daß der einzelne Mensch seine Eingliederung in den sozialen Organismus nicht im Widerspruche mit seinem Rechtsbewußtsein empfindet.

Man kann durchschauen, wie die hier vorgebrachten Gedanken *im wirklichen Leben* der Menschheit begründet sind, wenn man den Blick auf die Arbeit lenkt, welche der Mensch für den sozialen Organismus durch seine körperliche Arbeitskraft verrichtet. Innerhalb der kapitalistischen Wirtschaftsform hat sich diese Arbeit dem sozialen Organismus so eingegliedert, daß sie durch den Arbeitgeber wie eine Ware dem Arbeitnehmer abgekauft wird. Ein Tausch wird eingegangen zwischen Geld (als Repräsentant der Waren) und Arbeit. Aber ein solcher Tausch kann sich in Wirklichkeit gar nicht vollziehen. Er *scheint* sich nur zu vollziehen*. In Wirklichkeit nimmt der Arbeitgeber von

---

* Es ist durchaus möglich, daß im Leben Vorgänge nicht nur in einem falschen Sinne erklärt werden, sondern daß sie sich in einem falschen Sinne vollziehen. Geld und Arbeit *sind* keine austauschbaren Werte, sondern nur Geld und Arbeitserzeugnis. Gebe ich daher Geld für Arbeit, so *tue* ich etwas Falsches. Ich schaffe einen Scheinvorgang. Denn in Wirklichkeit *kann* ich nur Geld für Arbeitserzeugnis geben.

dem Arbeiter Waren entgegen, die nur entstehen können, wenn der Arbeiter seine Arbeitskraft für die Entstehung hingibt. Aus dem Gegenwert dieser Waren erhält der Arbeiter einen Anteil, der Arbeitgeber den andern. Die Produktion der Waren erfolgt durch das Zusammenwirken des Arbeitgebers und Arbeitnehmers. Das Produkt des gemeinsamen Wirkens geht erst in den Kreislauf des Wirtschaftslebens über. Zur Herstellung des Produktes ist ein Rechtsverhältnis zwischen Arbeiter und Unternehmer notwendig. Dieses kann aber durch die kapitalistische Wirtschaftsart in ein solches verwandelt werden, welches durch die wirtschaftliche Übermacht des Arbeitgebers über den Arbeiter bedingt ist. Im gesunden sozialen Organismus muß zutage treten, daß die Arbeit nicht bezahlt werden kann. Denn diese kann nicht im Vergleich mit einer Ware einen wirtschaftlichen Wert erhalten. Einen solchen hat erst die durch Arbeit hervorgebrachte Ware im Vergleich mit andern Waren. Die Art, wie, und das Maß, in dem ein Mensch für den Bestand des sozialen Organismus zu arbeiten hat, müssen aus seiner Fähigkeit heraus und aus den Bedingungen eines menschenwürdigen Daseins geregelt werden. Das kann nur geschehen, wenn diese Regelung von dem politischen Staate aus in Unabhängigkeit von den Verwaltungen des Wirtschaftslebens geschieht.

Durch eine solche Regelung wird der Ware eine Wertunterlage geschaffen, die sich vergleichen läßt mit der andern, die in den Naturbedingungen besteht. Wie der Wert einer Ware gegenüber einer andern dadurch wächst, daß die Gewinnung der Rohprodukte für dieselbe schwieriger ist als für die andere, so muß der Warenwert davon abhängig werden, welche Art und welches Maß von Arbeit zum

Hervorbringen der Ware nach der Rechtsordnung aufgebracht werden dürfen*.

Das Wirtschaftsleben wird auf diese Weise von zwei
Seiten her seinen notwendigen Bedingungen unterworfen:
von Seite der Naturgrundlage, welche die Menschheit hinnehmen muß, wie sie ihr gegeben ist, und von Seite der
Rechtsgrundlage, die aus dem Rechtsbewußtsein heraus auf
dem Boden des vom Wirtschaftsleben unabhängigen politischen Staates geschaffen werden *soll*.

Es ist leicht einzusehen, daß durch eine solche Führung
des sozialen Organismus der wirtschaftliche Wohlstand
sinken und steigen wird je nach dem Maß von Arbeit, das
aus dem Rechtsbewußtsein heraus aufgewendet wird. Allein
eine solche Abhängigkeit des volkswirtschaftlichen Wohlstandes ist im gesunden sozialen Organismus notwendig.
Sie allein kann verhindern, daß der Mensch durch das Wirtschaftsleben so verbraucht werde, daß er sein Dasein nicht
mehr als menschenwürdig empfinden kann. Und auf dem
Vorhandensein der Empfindung eines menschenunwürdigen
Daseins beruhen in Wahrheit alle Erschütterungen im
sozialen Organismus.

Eine Möglichkeit, den volkswirtschaftlichen Wohlstand
von der Rechtsseite her nicht allzu stark zu vermindern,
besteht in einer ähnlichen Art, wie eine solche zur Auf-
besserung der Naturgrundlage. Man kann einen wenig
ertragreichen Boden durch technische Mittel ertragreicher

* Ein solches Verhältnis der Arbeit zur Rechtsordnung wird die im
Wirtschaftsleben tätigen Assoziationen nötigen, mit dem, was «rechtens
ist» als mit einer *Voraussetzung* zu rechnen. Doch wird dadurch erreicht,
daß die Wirtschaftsorganisation vom Menschen, nicht der Mensch von
der Wirtschaftsordnung abhängig ist.

machen; man kann, veranlaßt durch die allzu starke Verminderung des Wohlstandes, die Art und das Maß der Arbeit ändern. Aber diese Änderung soll nicht aus dem Kreislauf des Wirtschaftslebens unmittelbar erfolgen, sondern aus der *Einsicht,* die sich auf dem Boden des vom Wirtschaftsleben unabhängigen Rechtslebens entwickelt.

In alles, was durch das Wirtschaftsleben und das Rechtsbewußtsein in der Organisation des sozialen Lebens hervorgebracht wird, wirkt hinein, was aus einer dritten Quelle stammt: aus den individuellen Fähigkeiten des einzelnen Menschen. Dieses Gebiet umfaßt alles von den höchsten geistigen Leistungen bis zu dem, was in Menschenwerke einfließt durch die bessere oder weniger gute körperliche Eignung des Menschen für Leistungen, die dem sozialen Organismus dienen. Was aus dieser Quelle stammt, muß in den gesunden sozialen Organismus auf ganz andere Art einfließen, als dasjenige, was im Warenaustausch lebt, und was aus dem Staatsleben fließen kann. Es gibt keine andere Möglichkeit, diese Aufnahme in gesunder Art zu bewirken, als sie von der freien Empfänglichkeit der Menschen und von den Impulsen, die aus den individuellen Fähigkeiten selbst kommen, abhängig sein zu lassen. Werden die durch solche Fähigkeiten erstehenden Menschenleistungen vom Wirtschaftsleben oder von der Staatsorganisation künstlich beeinflußt, so wird ihnen die wahre Grundlage ihres eigenen Lebens zum größten Teile entzogen. Diese Grundlage kann nur in der Kraft bestehen, welche die Menschenleistungen aus sich selbst entwickeln müssen. Wird die Entgegennahme solcher Leistungen vom Wirtschaftsleben unmittelbar bedingt, oder vom Staate organisiert, so wird die freie Empfänglichkeit für sie gelähmt. Sie ist aber allein geeignet, sie in gesunder Form in den sozialen Organismus einfließen zu lassen. Für das Geistesleben, mit dem auch die Entwickelung der anderen individuellen Fähigkeiten im Menschenleben durch unübersehbar viele Fäden zusammenhängt, ergibt sich nur eine gesunde Entwickelungsmöglichkeit, wenn es in der Hervorbringung auf seine eigenen Impulse gestellt ist, und wenn es in verständnisvollem Zusammenhange mit den Menschen steht, die seine Leistungen empfangen.

Worauf hier als auf die gesunden Entwickelungsbedingungen des Geisteslebens gedeutet wird, das wird gegenwärtig nicht durchschaut, weil der rechte Blick dafür getrübt ist durch die Verschmelzung eines großen Teiles dieses Lebens mit dem politischen Staatsleben. Diese Verschmelzung hat sich im Laufe der letzten Jahrhunderte ergeben und man hat sich in sie hineingewöhnt. Man spricht ja wohl von «Freiheit der Wissenschaft und des Lehrens». Aber man betrachtet es als selbstverständlich, daß der politische Staat die «freie Wissenschaft» und das «freie Lehren» verwaltet. Man entwickelt keine Empfindung dafür, wie dieser Staat dadurch das Geistesleben von seinen staatlichen Bedürfnissen abhängig macht. Man denkt, der Staat schafft die Stellen, an denen gelehrt wird; dann können diejenigen, welche diese Stellen einnehmen, das Geistesleben «frei» entfalten. Man beachtet, indem man sich an eine solche Meinung gewöhnt, nicht, wie eng verbunden *der Inhalt* des geistigen Lebens ist mit dem innersten Wesen des Menschen, in dem er sich entfaltet. Wie diese Entfaltung nur dann eine freie sein kann, wenn sie durch keine andern Impulse in den sozialen Organismus hineingestellt ist als allein durch solche, die aus dem Geistesleben selbst kommen. Durch die

Verschmelzung mit dem Staatsleben hat eben nicht nur die Verwaltung der Wissenschaft und des Teiles des Geisteslebens, der mit ihr zusammenhängt, in den letzten Jahrhunderten das Gepräge erhalten, sondern auch der Inhalt selbst. Gewiß, was in Mathematik oder Physik produziert wird, kann nicht unmittelbar vom Staate beeinflußt werden. Aber man denke an die Geschichte, an die andern Kulturwissenschaften. Sind sie nicht ein Spiegelbild dessen geworden, was sich aus dem Zusammenhang ihrer Träger mit dem Staatsleben ergeben hat, aus den Bedürfnissen dieses Lebens heraus? Gerade durch diesen ihnen aufgeprägten Charakter haben die gegenwärtigen wissenschaftlich orientierten, das Geistesleben beherrschenden Vorstellungen auf das Proletariat als Ideologie gewirkt. Dieses bemerkte, wie ein gewisser Charakter den Menschengedanken aufgeprägt wird durch die Bedürfnisse des Staatslebens, in welchem den Interessen der leitenden Klassen entsprochen wird. Ein Spiegelbild der materiellen Interessen und Interessenkämpfe sah der proletarisch Denkende. Das erzeugte in ihm die Empfindung, alles Geistesleben sei Ideologie, sei Spiegelung der ökonomischen Organisation.

Eine solche, das geistige Leben des Menschen verödende Anschauung hört auf, wenn die Empfindung entstehen kann: Im geistigen Gebiet waltet eine über das materielle Außenleben hinausgehende Wirklichkeit, die ihren Inhalt in sich selber trägt. Es ist unmöglich, daß eine solche Empfindung ersteht, wenn das Geistesleben nicht aus seinen eigenen Impulsen heraus sich innerhalb des sozialen Organismus frei entfaltet und verwaltet. Nur solche Träger des Geisteslebens, die innerhalb einer derartigen Entfaltung und Verwaltung stehen, haben die Kraft, diesem Leben das ihm gebührende Gewicht im sozialen Organismus zu verschaffen. Kunst, Wissenschaft, Weltanschauung und alles, was damit zusammenhängt, bedarf einer solchen selbständigen Stellung in der menschlichen Gesellschaft. Denn im geistigen Leben hängt alles zusammen. Die Freiheit des einen kann nicht ohne die Freiheit des andern gedeihen. Wenn auch Mathematik und Physik in ihrem Inhalt nicht von den Bedürfnissen des Staates unmittelbar zu beeinflussen sind: Was man von ihnen entwickelt, wie die Menschen über ihren Wert denken, welche Wirkung ihre Pflege auf das ganze übrige Geistesleben haben kann, und vieles andere wird durch diese Bedürfnisse bedingt, wenn der Staat Zweige des Geisteslebens verwaltet. Es ist ein anderes, wenn der die niederste Schulstufe versorgende Lehrer den Impulsen des Staatslebens folgt; ein anderes, wenn er diese Impulse erhält aus einem Geistesleben heraus, das auf sich selbst gestellt ist. Die Sozialdemokratie hat auch auf diesem Gebiete nur die Erbschaft aus den Denkgewohnheiten und Gepflogenheiten der leitenden Kreise übernommen. Sie betrachtet es als ihr Ideal, das geistige Leben in den auf das Wirtschaftsleben gebauten Gesellschaftskörper einzubeziehen. Sie könnte, wenn sie dieses von ihr gesetzte Ziel erreichte, damit den Weg nur fortsetzen, auf dem das Geistesleben seine Entwertung gefunden hat. Sie hat eine richtige Empfindung einseitig entwickelt mit ihrer Forderung: Religion müsse Privatsache sein. Denn im gesunden sozialen Organismus muß alles Geistesleben dem Staate und der Wirtschaft gegenüber in dem hier angedeuteten Sinn «Privatsache» sein. Aber die Sozialdemokratie geht bei der Überweisung der Religion auf das Privatgebiet nicht von der Meinung aus, daß einem geistigen Gute dadurch eine Stellung innerhalb des sozialen Organismus geschaffen werde, durch die es zu einer wünschenswerteren, höheren Entwickelung kommen werde als unter dem Einfluß des Staates. Sie ist der Meinung, daß der soziale Organismus durch seine Mittel nur pflegen dürfe, was *ihm* Lebensbedürfnis ist. Und ein solches sei das religiöse Geistesgut nicht. In dieser Art, einseitig aus dem öffentlichen Leben herausgestellt, kann ein Zweig des Geisteslebens nicht gedeihen, wenn das andere Geistesgut gefesselt ist. Das religiöse Leben der neueren Menschheit wird in Verbindung mit allem befreiten Geistesleben seine für diese Menschheit seelentragende Kraft entwickeln.

Nicht nur die Hervorbringung, sondern auch die Aufnahme dieses Geisteslebens durch die Menschheit muß auf dem freien Seelenbedürfnis beruhen. Lehrer, Künstler und so weiter, die in ihrer sozialen Stellung nur im unmittelbaren Zusammenhange sind mit einer Gesetzgebung und Verwaltung, die aus dem Geistesleben selbst sich ergeben und die nur von dessen Impulsen getragen sind, werden durch die Art ihres Wirkens die Empfänglichkeit für ihre Leistungen entwickeln können bei Menschen, welche durch den *aus sich* wirkenden politischen Staat davor behütet werden, nur dem Zwang zur Arbeit zu unterliegen, sondern denen das Recht auch die Muße gibt, welche das Verständnis für geistige Güter weckt. Den Menschen, die sich «Lebenspraktiker» dünken, mag bei solchen Gedanken der Glaube aufsteigen: Die Menschen werden ihre Mußezeit vertrinken, und man werde in den Analphabetismus zurückfallen, wenn der Staat für solche Muße sorgt, und wenn der Besuch der Schule in das freie Verständnis der Menschen gestellt ist. Möchten solche «Pessimisten» doch abwarten, was wird, wenn die Welt nicht mehr unter ihrem Einfluß steht. Dieser ist nur allzu oft von einem gewissen Gefühle bestimmt, das ihnen leise zuflüstert, wie sie ihre Muße verwenden, und was sie nötig hatten, um sich ein wenig «Bildung» anzueignen. Mit der zündenden Kraft, die ein wirklich auf sich selbst gestelltes Geistesleben im sozialen Organismus hat, können sie ja nicht rechnen, denn das gefesselte, das sie kennen, hat auf sie nie eine solch zündende Kraft ausüben können.

Sowohl der politische Staat wie das Wirtschaftsleben werden den Zufluß aus dem Geistesleben, den sie brauchen, von dem sich selbst verwaltenden geistigen Organismus erhalten. Auch die praktische Bildung für das Wirtschaftsleben wird durch das freie Zusammenwirken desselben mit dem Geistesorganismus ihre volle Kraft erst entfalten können. Entsprechend vorgebildete Menschen werden die Erfahrungen, die sie im Wirtschaftsgebiet machen können, durch die Kraft, die ihnen aus dem befreiten Geistesgut kommt, beleben. Menschen mit einer aus dem Wirtschaftsleben gewonnenen Erfahrung werden den Übergang finden in die Geistesorganisation und in derselben befruchtend wirken auf dasjenige, was so befruchtet werden muß.

Auf dem Gebiete des politischen Staates werden sich die notwendigen gesunden Ansichten durch eine solche freie Wirkung des Geistesgutes bilden. Der handwerklich Arbeitende wird durch den Einfluß eines solchen Geistesgutes eine ihn befriedigende Empfindung von der Stellung seiner Arbeit im sozialen Organismus sich aneignen können. Er wird zu der Einsicht kommen, wie ohne die Leitung, welche die handwerkliche Arbeit zweckentsprechend organisiert, der soziale Organismus ihn nicht tragen kann. Er wird das Gefühl von der Zusammengehörigkeit *seiner* Arbeit mit den organisierenden Kräften, die aus der Entwickelung individueller menschlicher Fähigkeiten stammen, in sich aufnehmen können. Er wird auf dem Boden des politischen Staates die Rechte ausbilden, welche ihm den Anteil sichern an dem Ertrage der Waren, die er erzeugt; und er wird in freier Weise dem ihm zukommenden Geistesgut denjenigen Anteil gönnen, der dessen Entstehung ermöglicht. Auf dem Gebiet des Geisteslebens wird die Möglichkeit entstehen, daß dessen Hervorbringer von den Erträgnissen ihrer Leistungen auch leben. Was jemand für sich im Gebiete des Geisteslebens treibt, wird seine engste Privatsache bleiben; was jemand für den sozialen Organismus zu leisten vermag, wird mit der freien Entschädigung derer rechnen können, denen das Geistesgut Bedürfnis ist. Wer durch solche Entschädigung innerhalb der Geistesorganisation das nicht finden kann, was er braucht, wird übergehen müssen zum Gebiet des politischen Staates oder des Wirtschaftslebens.

In das Wirtschaftsleben fließen ein die aus dem geistigen Leben stammenden technischen Ideen. Sie stammen aus dem geistigen Leben, auch wenn sie unmittelbar von Angehörigen des Staats- oder Wirtschaftsgebietes kommen. Daher kommen alle die organisatorischen Ideen und Kräfte, welche das wirtschaftliche und staatliche Leben befruchten. Die Entschädigung für diesen Zufluß in die beiden sozialen Gebiete wird entweder auch durch das freie Verständnis derer zustande kommen, die auf diesen Zufluß angewiesen sind, oder sie wird durch Rechte ihre Regelung finden, welche im Gebiete des politischen Staates ausgebildet werden. Was dieser politische Staat selber für seine Erhaltung fordert, das wird aufgebracht werden durch das Steuerrecht. Dieses wird durch eine Harmonisierung der Forderungen des Rechtsbewußtseins mit denen des Wirtschaftslebens sich ausbilden.

Neben dem politischen und dem Wirtschaftsgebiet muß im gesunden sozialen Organismus das auf sich selbst gestellte Geistesgebiet wirken. Nach der Dreigliederung dieses Organismus weist die Richtung der Entwickelungskräfte der neueren Menschheit. Solange das gesellschaftliche Leben im wesentlichen durch die Instinktkräfte eines großen Teiles der Menschheit sich führen ließ, trat der Drang nach dieser entschiedenen Gliederung nicht auf. In einer gewissen Dumpfheit des sozialen Lebens wirkte zusammen, was im Grunde immer aus drei Quellen stammte. Die neuere Zeit fordert ein bewußtes Sichhineinstellen des Menschen in den Gesellschaftsorganismus. Dieses Bewußtsein kann dem Verhalten und dem ganzen Leben der Menschen nur dann eine gesunde Gestaltung geben, wenn es von drei Seiten her orientiert ist. Nach dieser Orientierung strebt in den unbewußten Tiefen des Seelischen die moderne Menschheit; und was sich als soziale Bewegung auslebt, ist nur der getrübte Abglanz dieses Strebens.

Aus andern Grundlagen heraus, als die sind, in denen wir heute leben, tauchte aus tiefen Untergründen der menschlichen Natur heraus am Ende des 18. Jahrhunderts der Ruf nach einer Neugestaltung des sozialen menschlichen Organismus. Da hörte man wie eine Devise dieser Neuorganisation die drei Worte: Brüderlichkeit, Gleichheit, Freiheit. Nun wohl, derjenige, der sich mit vorurteilslosem Sinn und mit einem gesunden Menschheitsempfinden einläßt auf die Wirklichkeit der menschlichen Entwickelung, der kann natürlich nicht anders, als Verständnis haben für alles, worauf diese Worte deuten. Dennoch, es gab scharfsinnige Denker, welche im Laufe des 19. Jahrhunderts sich Mühe gegeben haben, zu zeigen, wie es unmöglich ist, in einem einheitlichen sozialen Organismus diese Ideen von Brüderlichkeit, Gleichheit, Freiheit zu verwirklichen. Solche glaubten zu erkennen, daß sich diese drei Impulse, wenn sie sich verwirklichen sollen, im sozialen Organismus widersprechen müssen. Scharfsinnig ist nachgewiesen worden zum Beispiel, wie unmöglich es ist, wenn der Impuls der *Gleichheit* sich verwirklicht, daß dann auch die in jedem Menschenwesen notwendig begründete Freiheit zur Geltung komme. Und man kann gar nicht anders als zustimmen denen, die diesen Widerspruch finden; und doch muß man zugleich aus einem allgemein menschlichen Empfinden heraus mit jedem dieser drei Ideale Sympathie haben!

Dies Widerspruchsvolle besteht aus dem Grunde, weil die wahre soziale Bedeutung dieser drei Ideale erst zutage tritt durch das Durchschauen der notwendigen Dreigliederung des sozialen Organismus. Die drei Glieder sollen nicht in einer abstrakten, theoretischen Reichstags- oder sonstigen Einheit zusammengefügt und zentralisiert sein. Sie sollen lebendige Wirklichkeit sein. Ein jedes der drei sozialen Glieder soll in sich zentralisiert sein; und durch ihr lebendiges Nebeneinander- und Zusammenwirken kann erst die Einheit des sozialen Gesamtorganismus entstehen. Im wirklichen Leben wirkt eben das scheinbar Widerspruchsvolle zu einer Einheit zusammen. Daher wird man zu einer Erfassung des Lebens des sozialen Organismus kommen, wenn man imstande ist, die wirklichkeitsgemäße Gestaltung dieses sozialen Organismus mit Bezug auf

Brüderlichkeit, Gleichheit und Freiheit zu durchschauen. Dann wird man erkennen, daß das Zusammenwirken der Menschen im *Wirtschaftsleben* auf derjenigen Brüderlichkeit ruhen muß, die aus den Assoziationen heraus ersteht. In dem zweiten Gliede, in dem System des *öffentlichen Rechts,* wo man es zu tun hat mit dem rein menschlichen Verhältnis von Person zu Person, hat man zu erstreben die Verwirklichung der Idee der Gleichheit. Und auf dem *geistigen Gebiete,* das in relativer Selbständigkeit im sozialen Organismus steht, hat man es zu tun mit der Verwirklichung des Impulses der Freiheit. So angesehen, zeigen diese drei Ideale ihren Wirklichkeitswert. Sie können sich nicht in einem chaotischen sozialen Leben realisieren, sondern nur in dem gesunden dreigliedrigen sozialen Organismus. Nicht ein abstrakt zentralisiertes Sozialgebilde kann durcheinander die Ideale der Freiheit, Gleichheit und Brüderlichkeit verwirklichen, sondern jedes der drei Glieder des sozialen Organismus kann aus einem dieser Impulse seine Kraft schöpfen. Und es wird dann in fruchtbarer Art mit den andern Gliedern zusammenwirken können.

Diejenigen Menschen, welche am Ende des 18. Jahrhunderts die Forderung nach Verwirklichung der drei Ideen von Freiheit, Gleichheit und Brüderlichkeit erhoben haben, und auch diejenigen, welche sie später wiederholt haben, sie konnten dunkel empfinden, wohin die Entwickelungskräfte der neueren Menschheit weisen. Aber sie haben damit zugleich nicht den Glauben an den Einheitsstaat überwunden. Für diesen bedeuten ihre Ideen etwas Widerspruchsvolles. Sie bekannten sich zu dem Widersprechenden, weil in den unterbewußten Tiefen ihres Seelenlebens der Drang nach der Dreigliederung des sozialen Organismus wirkte, in dem die Dreiheit ihrer Ideen erst zu einer höheren Einheit werden kann. Die Entwickelungskräfte, die in dem Werden der neueren Menschheit nach dieser Dreigliederung hindrängen, zum bewußten sozialen Wollen zu machen, das fordern die deutlich sprechenden sozialen *Tatsachen* der Gegenwart.

KAPITALISMUS UND SOZIALE IDEEN

(Kapital, Menschenarbeit)

Man kann nicht zu einem Urteile darüber kommen, welche Handlungsweise auf sozialem Gebiete gegenwärtig durch die lautsprechenden Tatsachen gefordert wird, wenn man nicht den Willen hat, dieses Urteil bestimmen zu lassen von einer Einsicht in die Grundkräfte des sozialen Organismus. Der Versuch, eine solche Einsicht zu gewinnen, liegt der hier vorangehenden Darstellung zugrunde. Mit Maßnahmen, die sich nur auf ein Urteil stützen, das aus einem eng umgrenzten Beobachtungskreis gewonnen ist, kann man heute etwas Fruchtbares nicht bewirken. Die Tatsachen, welche aus der sozialen Bewegung herausgewachsen sind, offenbaren Störungen in den Grundlagen des sozialen Organismus, und keineswegs solche, die nur an der Oberfläche vorhanden sind. Ihnen gegenüber ist notwendig, auch zu Einsichten zu kommen, die bis zu den Grundlagen vordringen.

Spricht man heute von Kapital und Kapitalismus, so weist man auf das hin, worin die proletarische Menschheit die Ursachen ihrer Bedrückung sucht. Zu einem fruchtbaren Urteil über die Art, wie das Kapital fördernd oder hemmend in den Kreisläufen des sozialen Organismus wirkt, kann man aber nur kommen, wenn man durchschaut, wie die individuellen Fähigkeiten der Menschen, wie die Rechtsbildung und wie die Kräfte des Wirtschaftslebens das Kapital erzeugen und verbrauchen. – Spricht man von der Menschenarbeit, so deutet man auf das, was mit der Naturgrundlage der Wirtschaft und dem Kapital zusammen die wirtschaftlichen Werte schafft und an dem der Arbeiter zum Bewußtsein seiner sozialen Lage kommt. Ein Urteil darüber, wie diese Menschenarbeit in den sozialen Organismus hineingestellt sein muß, um in dem Arbeitenden die Empfindung von seiner Menschenwürde nicht zu stören, ergibt sich nur, wenn man das Verhältnis ins Auge fassen will, welches Menschenarbeit zur Entfaltung der individuellen Fähigkeiten einerseits und zum Rechtsbewußtsein anderseits hat.

Man fragt gegenwärtig mit Recht, was zu *allernächst* zu tun ist, um den in der sozialen Bewegung auftretenden Forderungen gerecht zu werden. Man wird auch das *Allernächste* nicht in fruchtbarer Art vollbringen können, wenn man nicht *weiß*, welches Verhältnis das zu Vollbringende zu den Grundlagen des gesunden sozialen Organismus haben soll. Und weiß man dieses, dann wird man an dem Platze, an den man gestellt ist, oder an den man sich zu stellen vermag, die Aufgaben finden können, die sich aus den Tatsachen heraus ergeben. Der Gewinnung einer Einsicht, auf die hier gedeutet wird, stellt sich, das unbefangene Urteil beirrend, gegenüber, was im Laufe langer Zeit aus menschlichem Wollen in soziale Einrichtungen übergegangen ist. Man hat sich in die Einrichtungen so eingelebt, daß man aus ihnen heraus sich Ansichten gebildet hat über dasjenige, was von ihnen zu erhalten, was zu verändern ist. Man richtet sich in Gedanken nach den Tatsachen, die doch der Gedanke beherrschen soll. Notwendig ist aber heute, zu sehen, daß man nicht anders ein den Tatsachen gewachsenes Urteil gewinnen kann als durch Zurückgehen zu den *Urgedanken*, die allen sozialen Einrichtungen zugrunde liegen.

Wenn nicht rechte Quellen vorhanden sind, aus denen die Kräfte, welche in diesen Urgedanken liegen, immer von neuem dem sozialen Organismus zufließen, dann nehmen die Einrichtungen Formen an, die nicht lebenfördernd, sondern lebenhemmend sind. In den instinktiven Impulsen der Menschen aber leben mehr oder weniger unbewußt die Urgedanken fort, auch wenn die vollbewußten Gedanken in die Irre gehen und lebenhemmende Tatsachen schaffen, oder schon geschaffen haben. Und diese Urgedanken, die einer lebenhemmenden Tatsachenwelt gegenüber chaotisch sich äußern, sind es, die offenbar oder verhüllt in den revolutionären Erschütterungen des sozialen Organismus zutage treten. Diese Erschütterungen werden nur dann nicht eintreten, wenn der soziale Organismus in der Art gestaltet ist, daß in ihm jederzeit die Neigung vorhanden sein kann, zu beobachten, wo eine Abweichung von den durch die Urgedanken vorgezeichneten Einrichtungen sich bildet, und wo zugleich die Möglichkeit besteht, dieser Abweichung entgegenzuarbeiten, ehe sie eine verhängnistragende Stärke gewonnen hat.

In unsern Tagen sind in weitem Umfange des Menschenlebens die Abweichungen von den durch die Urgedanken geforderten Zuständen groß geworden. Und das Leben der von diesen Gedanken getragenen Impulse in Menschenseelen steht als eine durch Tatsachen laut sprechende Kritik da über das, was sich im sozialen Organismus der letzten Jahrhunderte gestaltet hat. Daher bedarf es des guten Willens, in energischer Weise zu den Urgedanken sich zu wenden und nicht zu verkennen, wie schädlich es gerade heute ist, diese Urgedanken als «unpraktische» Allgemeinheiten aus dem Gebiete des Lebens zu verbannen. In dem Leben und in den Forderungen der proletarischen Bevölkerung lebt die Tatsachen-Kritik über dasjenige, was die neuere Zeit aus dem sozialen Organismus gemacht hat. Die Aufgabe unserer Zeit dem gegenüber ist, der einseitigen Kritik dadurch entgegenzuarbeiten, daß man aus dem Urgedanken heraus die Richtungen findet, in denen die Tatsachen *bewußt* gelenkt werden müssen. Denn die Zeit ist abgelaufen, in der der Menschheit genügen kann, was bisher die instinktive Lenkung zustande gebracht hat.

Eine der Grundfragen, die aus der zeitgenössischen Kritik heraus auftreten, ist die, in welcher Art die Bedrückung aufhören kann, welche die proletarische Menschheit durch den privaten Kapitalismus erfahren hat. Der Besitzer oder Verwalter des Kapitals ist in der Lage, die körperliche Arbeit anderer Menschen in den Dienst dessen zu stellen, das er herzustellen unternimmt. Man muß in dem sozialen Verhältnis, das in dem Zusammenwirken von Kapital und menschlicher Arbeitskraft entsteht, drei Glieder unterscheiden: die Unternehmertätigkeit, die auf der Grundlage der individuellen Fähigkeiten einer Person oder einer Gruppe von Personen beruhen muß; das Verhältnis des Unternehmers zum Arbeiter, das ein Rechtsverhältnis sein muß; das Hervorbringen einer Sache, die im Kreislauf des Wirtschaftslebens einen Warenwert erhält. Die Unternehmertätigkeit kann in gesunder Art nur dann in den sozialen Organismus eingreifen, wenn in dessen Leben Kräfte wirken, welche die individuellen Fähigkeiten der Menschen in der möglichst besten Art in die Erscheinung treten lassen. Das kann nur geschehen, wenn ein Gebiet des sozialen Organismus vorhanden ist, das dem Fähigen die freie Initiative gibt, von seinen Fähigkeiten Gebrauch zu machen, und das die Beurteilung des Wertes dieser Fähigkeiten durch freies Verständnis für dieselben bei andern

Menschen ermöglicht. Man sieht: die soziale Betätigung eines Menschen durch Kapital gehört in dasjenige Gebiet des sozialen Organismus, in welchem das Geistesleben Gesetzgebung und Verwaltung besorgt. Wirkt in diese Betätigung der politische Staat hinein, so muß notwendigerweise die Verständnislosigkeit gegenüber den individuellen Fähigkeiten bei deren Wirksamkeit mitbestimmend sein. Denn der politische Staat muß auf dem beruhen, und er muß das in Wirksamkeit versetzen, das in allen Menschen als gleiche Lebensforderung vorhanden ist. Er muß in seinem Bereich alle Menschen zur Geltendmachung ihres Urteils kommen lassen. Für dasjenige, was er zu vollbringen hat, kommt Verständnis oder Nichtverständnis für individuelle Fähigkeiten nicht in Betracht. Daher darf, was in ihm zur Verwirklichung kommt, auch keinen Einfluß haben auf die Betätigung der individuellen menschlichen Fähigkeiten. Ebensowenig sollte der Ausblick auf den wirtschaftlichen Vorteil bestimmend sein können für die durch Kapital ermöglichte Auswirkung der individuellen Fähigkeiten. Auf diesen Vorteil geben manche Beurteiler des Kapitalismus sehr vieles. Sie vermeinen, daß nur durch diesen Anreiz des Vorteils die individuellen Fähigkeiten zur Betätigung gebracht werden können. Und sie berufen sich als «Praktiker» auf die «unvollkommene» Menschennatur, die sie zu kennen vorgeben. Allerdings innerhalb derjenigen Gesellschaftsordnung, welche die gegenwärtigen Zustände gezeitigt hat, hat die Aussicht auf wirtschaftlichen Vorteil eine tiefgehende Bedeutung erlangt. Aber diese Tatsache ist eben zum nicht geringen Teile die Ursache der Zustände, die jetzt erlebt werden können. Und diese Zustände drängen nach Entwickelung eines andern Antriebes für die Betätigung der individuellen Fähigkeiten. Dieser Antrieb wird in dem aus einem gesunden Geistesleben erfließenden *sozialen Verständnis* liegen müssen. Die Erziehung, die Schule werden aus der Kraft des freien Geisteslebens heraus den Menschen mit Impulsen ausrüsten, die ihn dazu bringen, kraft dieses ihm innewohnenden Verständnisses das zu verwirklichen, wozu seine individuellen Fähigkeiten drängen.

Solch eine Meinung braucht nicht Schwarmgeisterei zu sein. Gewiß, die Schwarmgeisterei hat unermeßlich großes Unheil auf dem Gebiete des sozialen Wollens ebenso gebracht wie auf anderen. Aber die hier dargestellte Anschauung beruht nicht, wie man aus dem Vorangehenden ersehen kann, auf dem Wahnglauben, daß «der Geist» Wunder wirken werde, wenn diejenigen möglichst viel von ihm sprechen, die ihn zu haben meinen; sondern sie geht hervor aus der Beobachtung des freien Zusammenwirkens der Menschen auf geistigem Gebiete. Dieses Zusammenwirken erhält durch seine eigene Wesenheit ein soziales Gepräge, wenn es sich nur *wahrhaft frei* entwickeln kann.

Nur die unfreie Art des Geisteslebens hat bisher dieses soziale Gepräge nicht aufkommen lassen. Innerhalb der leitenden Klassen haben sich die geistigen Kräfte in einer Art ausgebildet, welche die Leistungen dieser Kräfte in antisozialer Weise innerhalb gewisser Kreise der Menschheit abgeschlossen haben. Was innerhalb dieser Kreise hervorgebracht worden ist, konnte nur in künstlicher Weise an die proletarische Menschheit herangebracht werden. Und diese Menschheit konnte keine seelentragende Kraft aus diesem Geistesleben schöpfen, denn sie nahm nicht *wirklich* an dem Leben dieses Geistesgutes teil. Einrichtungen für «volkstümliche Belehrung», das «Heranziehen» des «Volkes» zum

Kunstgenuß und Ähnliches sind in Wahrheit keine Mittel zur Ausbreitung des Geistesgutes im Volke, so lange dieses Geistesgut den Charakter beibehält, den es in der neueren Zeit angenommen hat. Denn das «Volk» steht mit dem innersten Anteil seines Menschenwesens nicht in dem Leben dieses Geistesgutes drinnen. Es wird ihm nur ermöglicht, gewissermaßen von einem Gesichtspunkte aus, der außerhalb desselben liegt, darauf hinzuschauen. Und was von dem Geistesleben im engern Sinne gilt, das hat seine Bedeutung auch in denjenigen Verzweigungen des geistigen Wirkens, die auf Grund des Kapitals in das wirtschaftliche Leben einfließen. Im gesunden sozialen Organismus soll der proletarische Arbeiter nicht an seiner Maschine stehen und nur von deren Getriebe berührt werden, während der Kapitalist allein weiß, welches das Schicksal der erzeugten Waren im Kreislauf des Wirtschaftslebens ist. Der Arbeiter soll mit vollem Anteil an der Sache Vorstellungen entwickeln können über die Art, wie er sich an dem sozialen Leben beteiligt, indem er an der Erzeugung der Waren arbeitet. Besprechungen, die zum Arbeitsbetrieb gerechnet werden müssen wie die Arbeit selbst, sollen regelmäßig von dem Unternehmer veranstaltet werden mit dem Zweck der Entwickelung eines gemeinsamen Vorstellungskreises, der Arbeitnehmer und Arbeitgeber umschließt. Ein gesundes Wirken dieser Art wird bei dem Arbeiter Verständnis dafür erzeugen, daß eine rechte Betätigung des Kapitalverwalters den sozialen Organismus und damit den Arbeiter, der ein Glied desselben ist, selbst fördert. Der Unternehmer wird bei solcher auf freies Verstehen zielenden Öffentlichkeit seiner Geschäftsführung zu einem einwandfreien Gebaren veranlaßt.

Nur, wer gar keinen Sinn hat für die soziale Wirkung des innerlichen vereinten Erlebens einer in Gemeinschaft betriebenen Sache, der wird das Gesagte für bedeutungslos halten. Wer einen solchen Sinn hat, der wird durchschauen, wie die wirtschaftliche Produktivität gefördert wird, wenn die auf Kapitalgrundlage ruhende Leitung des Wirtschaftslebens in dem Gebiete des freien Geisteslebens seine Wurzeln hat. Das bloß wegen des Profites vorhandene Interesse am Kapital und seiner Vermehrung kann nur dann, wenn diese Voraussetzung erfüllt ist, dem sachlichen Interesse an der Hervorbringung von Produkten und am Zustandekommen von Leistungen Platz machen.

Die sozialistisch Denkenden der Gegenwart streben die Verwaltung der Produktionsmittel durch die Gesellschaft an. Was in diesem ihrem Streben berechtigt ist, das wird nur dadurch erreicht werden können, daß diese Verwaltung von dem freien Geistesgebiet besorgt wird. Dadurch wird der wirtschaftliche Zwang unmöglich gemacht, der vom Kapitalisten dann ausgeht und als menschenunwürdig empfunden wird, wenn der Kapitalist seine Tätigkeit aus den Kräften des Wirtschaftslebens heraus entfaltet. Und es wird die Lähmung der individuellen menschlichen Fähigkeiten nicht eintreten können, die als eine Folge sich ergeben muß, wenn diese Fähigkeiten vom politischen Staate verwaltet werden.

Das Erträgnis einer Betätigung durch Kapital und individuelle menschliche Fähigkeiten muß im gesunden sozialen Organismus wie jede geistige Leistung aus der freien Initiative des Tätigen einerseits sich ergeben und anderseits aus dem freien Verständnis anderer Menschen, die nach dem Vorhandensein der Leistung des Tätigen verlangen. Mit der freien Einsicht des Tätigen muß auf diesem Gebiete im Einklange stehen die Bemessung dessen, was er als Erträgnis seiner Leistung – nach den Vorbereitungen, die er braucht, um sie zu vollbringen, nach den Aufwendungen, die er machen muß, um sie zu ermöglichen und so weiter – ansehen will. Er wird seine Ansprüche nur dann befriedigt finden können, wenn ihm Verständnis für seine Leistungen entgegengebracht wird.

Durch soziale Einrichtungen, die in der Richtung des hier Dargestellten liegen, wird der Boden geschaffen für ein wirklich freies Vertragsverhältnis zwischen Arbeitleiter und Arbeitleister. Und dieses Verhältnis wird sich beziehen nicht auf einen Tausch von Ware (beziehungsweise Geld) für Arbeitskraft, sondern auf die Festsetzung des Anteiles, den eine jede der beiden Personen hat, welche die Ware gemeinsam zustande bringen.

Was auf der Grundlage des Kapitals für den sozialen Organismus geleistet wird, *beruht seinem Wesen nach* auf der Art, wie die individuellen menschlichen Fähigkeiten in diesen Organismus eingreifen. Die Entwickelung dieser Fähigkeiten kann durch nichts anderes den ihr entsprechenden Impuls erhalten als durch das freie Geistesleben. Auch in einem sozialen Organismus, der diese Entwickelung in die Verwaltung des politischen Staates oder in die Kräfte des Wirtschaftslebens einspannt, wird die wirkliche Produktivität alles dessen, was Kapitalaufwendung notwendig macht, auf dem beruhen, was sich an freien individuellen Kräften durch die lähmenden Einrichtungen hindurchzwängt. Nur wird eine Entwickelung unter solchen Voraussetzungen eine ungesunde sein. Nicht die freie Entfaltung der auf Grundlage des Kapitals wirkenden individuellen

Fähigkeiten hat Zustände hervorgerufen, innerhalb welcher die menschliche Arbeitskraft Ware sein muß, sondern die Fesselung dieser Kräfte durch das politische Staatsleben oder durch den Kreislauf des Wirtschaftslebens. Dies unbefangen zu durchschauen, ist in der Gegenwart eine Voraussetzung für alles, was auf dem Gebiete der sozialen Organisation geschehen soll. Denn die neuere Zeit hat den Aberglauben hervorgebracht, daß aus dem politischen Staate oder dem Wirtschaftsleben die Maßnahmen hervorgehen sollen, welche den sozialen Organismus gesund machen. Beschreitet man den Weg weiter, der aus diesem Aberglauben seine Richtung empfangen hat, dann wird man Einrichtungen schaffen, welche die Menschheit nicht zu dem führen, was sie erstrebt, sondern zu einer unbegrenzten Vergrößerung des Bedrückenden, das sie abgewendet sehen möchte.

Über den Kapitalismus hat man denken gelernt in einer Zeit, in welcher dieser Kapitalismus dem sozialen Organismus einen Krankheitsprozeß verursacht hat. Den Krankheitsprozeß erlebt man; man sieht, daß ihm entgegengearbeitet werden muß. Man muß *mehr* sehen. Man muß gewahr werden, daß die Krankheit ihren Ursprung hat in dem Aufsaugen der im Kapital wirksamen Kräfte durch den Kreislauf des Wirtschaftslebens. Derjenige nur kann in der Richtung dessen wirken, was die Entwickelungskräfte der Menschheit in der Gegenwart energisch zu fordern beginnen, der sich nicht in Illusionen treiben läßt durch die Vorstellungsart, welche in der Verwaltung der Kapitalbetätigung durch das befreite Geistesleben das Ergebnis eines «unpraktischen Idealismus» sieht.

In der Gegenwart ist man allerdings wenig darauf vorbereitet, die soziale Idee, die den Kapitalismus in gesunde

Bahnen lenken soll, in einen unmittelbaren Zusammenhang mit dem Geistesleben zu bringen. Man knüpft an dasjenige an, was dem Kreis des Wirtschaftslebens angehört. Man sieht, wie in der neueren Zeit die Warenproduktion zum Großbetrieb, und dieser zur gegenwärtigen Form des Kapitalismus geführt hat. An die Stelle dieser Wirtschaftsform solle die genossenschaftliche treten, die für den Selbstbedarf der Produzenten arbeitet. Da man aber selbstverständlich die Wirtschaft mit den modernen Produktionsmitteln beibehalten will, verlangt man die Zusammenfassung der Betriebe in eine einzige große Genossenschaft. In einer solchen, denkt man, produziere ein jeder im Auftrage der Gemeinschaft, die nicht ausbeuterisch sein könne, weil sie sich selbst ausbeutete. Und da man an Bestehendes anknüpfen will oder muß, blickt man nach dem modernen Staat aus, den man in eine umfassende Genossenschaft verwandeln will.

Man bemerkt dabei nicht, daß man von einer solchen Genossenschaft sich Wirkungen verspricht, die um so weniger eintreten können, je größer die Genossenschaft ist. Wenn nicht die Einstellung der individuellen menschlichen Fähigkeiten in den Organismus der Genossenschaft so gestaltet wird, wie es in diesen Ausführungen dargestellt worden ist, kann die Gemeinsamkeit der Arbeitsverwaltung nicht zur Gesundung des sozialen Organismus führen.

Daß für ein unbefangenes Urteil über das Eingreifen des Geisteslebens in den sozialen Organismus gegenwärtig wenig Veranlagung vorhanden ist, rührt davon her, daß man sich gewöhnt hat, das Geistige möglichst fern von allem Materiellen und Praktischen vorzustellen. Es wird nicht wenige geben, die etwas Groteskes in der hier dargestellten Ansicht finden, daß in der Betätigung des Kapitals im Wirtschaftsleben die Auswirkung eines Teiles des geistigen Lebens sich offenbaren soll. Man kann sich denken, daß in dieser Charakterisierung des als grotesk Dargestellten Zugehörige der bisher leitenden Menschenklassen mit sozialistischen Denkern übereinstimmen. Man wird, um die Bedeutung dieses grotesk Befundenen für eine Gesundung des sozialen Organismus einzusehen, den Blick richten müssen in gewisse Gedankenströmungen der Gegenwart, die in ihrer Art redlichen Seelenimpulsen entspringen, die aber das Entstehen eines wirklich sozialen Denkens dort hemmen, wo sie Eingang finden.

Diese Gedankenströmungen streben – mehr oder weniger unbewußt — hinweg von dem, was dem inneren Erleben die rechte Stoßkraft gibt. Sie erstreben eine Lebensauffassung, ein seelisches, ein denkerisches, ein nach wissenschaftlicher Erkenntnis suchendes inneres Leben gewissermaßen wie eine Insel im Gesamtmenschenleben. Sie sind dann nicht in der Lage, die Brücke zu bauen von diesem Leben hin zu demjenigen, was den Menschen in die Alltäglichkeit einspannt. Man kann sehen, wie viele Menschen der Gegenwart es gewissermaßen «innerlich vornehm» finden, in einer gewissen, sei es auch schulmäßigen Abstraktheit nachzudenken über allerlei ethisch-religiöse Probleme in Wolkenkuckucksheimhöhen; man kann sehen, wie die Menschen nachdenken über die Art und Weise, wie sich der Mensch Tugenden aneignen könne, wie er in Liebe zu seinen Mitmenschen sich verhalten soll, wie er begnadet werden kann mit einem «inneren Lebensinhalt». Man sieht dann aber auch das Unvermögen, einen Übergang zu ermöglichen von dem, was die Leute gut und liebevoll und wohlwollend und rechtlich und sittlich nennen, zu dem, was in der äußern Wirklichkeit, im Alltag den Menschen umgibt als Kapitalwirkung, als Arbeitsentlöhnung, als Konsum, als Produktion, als Warenzirkulation, als Kreditwesen, als Bank- und Börsenwesen. Man kann sehen, wie zwei Weltenströmungen nebeneinandergestellt werden auch in den Denkgewohnheiten der Menschen. Die *eine* Weltenströmung ist die, welche sich gewissermaßen in göttlich-geistiger Höhe halten will, die keine Brücke bauen will zwischen dem, was ein geistiger Impuls ist, und was eine Tatsache des gewöhnlichen Handelns im Leben ist. Die *andere* lebt gedankenlos im Alltäglichen. Das Leben aber ist ein einheitliches. Es kann nur gedeihen, wenn die es treibenden Kräfte von allem ethisch-religiösen Leben herunterwirken in das alleralltäglichste profanste Leben, in dasjenige Leben, das manchem eben weniger vornehm erscheint. Denn, versäumt man, die Brücke zu schlagen zwischen den beiden Lebensgebieten, so verfällt man in bezug auf religiöses, sittliches Leben *und auf soziales Denken* in bloße Schwarmgeisterei, die fernsteht der alltäglichen wahren Wirklichkeit. Es rächt sich dann gewissermaßen diese alltäglich-wahre Wirklichkeit. Dann strebt der Mensch aus einem gewissen «geistigen» Impuls heraus alles mögliche Ideale an, alles mögliche, was er «gut» nennt; aber denjenigen Instinkten, die diesen «Idealen» gegenüberstehen als Grundlage der gewöhnlichen täglichen Lebensbedürfnisse, deren Befriedigung aus der Volkswirtschaft heraus kommen muß, diesen Instinkten gibt sich der Mensch ohne «Geist» hin. Er weiß keinen wirklichkeitsgemäßen Weg von dem Begriff der Geistigkeit zu dem, was im alltäglichen Leben vor sich geht. Dadurch nimmt dieses alltägliche Leben eine Gestalt an, die nichts zu tun haben soll mit dem, was als ethische Impulse in vornehmeren, seelisch-geistigen Höhen gehalten werden will. Dann aber wird die Rache der Alltäglichkeit eine solche, daß das ethisch-religiöse Leben zu einer innerlichen Lebenslüge des Menschen sich gestaltet, weil es sich ferne hält von der alltäglichen, von der unmittelbaren Lebenspraxis, ohne daß man es merkt.

Wie zahlreich sind doch heute die Menschen, die aus einer gewissen ethisch-religiösen Vornehmheit heraus den besten *Willen* zeigen zu einem rechten Zusammenleben mit ihren Mitmenschen, die ihren Mitmenschen nur das Allerallerbeste tun möchten. Sie versäumen es aber, zu einer Empfindungsart zu kommen, die dies wirklich ermöglicht, weil sie sich kein soziales, in den *praktischen* Lebensgewohnheiten sich auswirkendes Vorstellen aneignen können.

Aus dem Kreise solcher Menschen stammen diejenigen, die in diesem welthistorischen Augenblick, wo die sozialen Fragen so drängend geworden sind, sich als die Schwarmgeister, die sich aber für echte Lebenspraktiker halten, hemmend der wahren Lebenspraxis entgegenstellen. Man kann von ihnen Reden hören wie diese: Wir haben nötig, daß die Menschen sich erheben aus dem Materialismus, aus dem äußerlich materiellen Leben, das uns in die Weltkriegs-Katastrophe und in das Unglück hineingetrieben hat, und daß sie sich einer geistigen Auffassung des Lebens zuwenden. Man wird, wenn man so die Wege des Menschen zur Geistigkeit zeigen will, nicht müde, diejenigen Persönlichkeiten zu zitieren, die man in der Vergangenheit wegen ihrer dem Geiste zugewendeten Denkungsart verehrt hat. Man kann erleben, daß jemand, der versucht, gerade auf dasjenige hinzuweisen, was heute der Geist für das wirkliche praktische Leben so notwendig leisten muß, wie das tägliche Brot erzeugt werden muß, darauf aufmerksam gemacht wird, daß es ja in erster Linie darauf ankomme, die Menschen wiederum zur Anerkennung des Geistes zu bringen. Es kommt aber gegenwärtig darauf an, daß aus der Kraft des geistigen Lebens heraus die Richtlinien für die Gesundung des sozialen Organismus gefunden werden. Dazu genügt nicht, daß die Menschen in einer Seitenströmung des Lebens sich mit dem Geiste beschäftigen. Dazu ist notwendig, daß das alltägliche Dasein geistgemäß werde. Die Neigung, für das «geistige Leben» solche Seitenströmungen zu suchen, führte die bisher leitenden Kreise dazu, an sozialen Zuständen Geschmack zu haben, die in die gegenwärtigen Tatsachen ausgelaufen sind.

Eng verbunden sind im sozialen Leben der Gegenwart die Verwaltung des Kapitals in der Warenproduktion und der Besitz der Produktionsmittel, also auch des Kapitals. Und doch sind diese beiden Verhältnisse des Menschen zum Kapital ganz verschieden mit Bezug auf ihre Wirkung innerhalb des sozialen Organismus. Die Verwaltung durch die individuellen Fähigkeiten führt, zweckmäßig angewendet, dem sozialen Organismus Güter zu, an deren Vorhandensein alle Menschen, die diesem Organismus angehören, ein Interesse haben. In welcher Lebenslage ein Mensch auch ist, er hat ein Interesse daran, daß nichts von dem verloren gehe, was aus den Quellen der Menschennatur an solchen individuellen Fähigkeiten erfließt, durch die Güter zustande kommen, welche dem Menschenleben zweckentsprechend dienen. Die Entwickelung dieser Fähigkeiten kann aber nur dadurch erfolgen, daß ihre menschlichen Träger aus der eigenen freien Initiative heraus sie zur Wirkung bringen können. Was aus diesen Quellen nicht in Freiheit erfließen kann, das wird der Menschenwohlfahrt mindestens bis zu einem gewissen Grade entzogen. Das Kapital aber ist das Mittel, solche Fähigkeiten für weite Gebiete des sozialen Lebens in Wirksamkeit zu bringen. Den gesamten Kapitalbesitz so zu verwalten, daß der einzelne in besonderer Richtung begabte Mensch oder daß zu Besonderem befähigte Menschengruppen zu einer solchen Verfügung über Kapital kommen, die lediglich aus ihrer ureigenen Initiative entspringt, daran muß jedermann innerhalb eines sozialen Organismus ein wahrhaftes Interesse haben. Vom Geistesarbeiter bis zum handwerklich Schaffenden muß ein jeder Mensch, wenn er vorurteilslos dem eigenen Interesse dienen will, sagen: Ich möchte, daß eine genügend große Anzahl befähigter Personen oder Personengruppen völlig frei über Kapital nicht nur verfügen können, sondern daß sie auch aus der eigenen Initiative heraus zu dem Kapitale gelangen können; denn nur sie allein können ein Urteil darüber haben, wie durch die Vermittlung des Kapitals ihre individuellen Fähigkeiten dem sozialen Organismus zweckmäßig Güter erzeugen werden.

Es ist nicht nötig, im Rahmen dieser Schrift darzustellen, wie im Laufe der Menschheitsentwickelung zusammenhängend mit der Betätigung der menschlichen individuellen Fähigkeiten im sozialen Organismus sich der Privatbesitz aus andern Besitzformen ergeben hat. Bis zur Gegenwart hat sich unter dem Einfluß der Arbeitsteilung innerhalb dieses Organismus ein solcher Besitz entwickelt. Und von den gegenwärtigen Zuständen und deren notwendiger Weiterentwickelung soll hier gesprochen werden.

Wie auch der Privatbesitz sich gebildet hat, durch Macht- und Eroberungsbetätigung und so weiter, er ist ein Ergebnis des an individuelle menschliche Fähigkeiten gebundenen sozialen Schaffens. Dennoch besteht gegenwärtig bei sozialistisch Denkenden die Meinung, daß sein Bedrückendes nur beseitigt werden könne durch seine Verwandlung in Gemeinbesitz. Dabei stellt man die Frage so: Wie kann der Privatbesitz an Produktionsmitteln in seinem Entstehen verhindert werden, damit die durch ihn bewirkte Bedrückung der besitzlosen Bevölkerung aufhöre? Wer die Frage so stellt, der richtet dabei sein Augenmerk nicht auf die Tatsache, daß der soziale Organismus ein fortwährend *Werdendes, Wachsendes* ist. Man kann diesem Wachsenden gegenüber nicht so fragen: Wie soll man es am besten einrichten, damit es durch diese Einrichtung dann in dem Zustande verbleibe, den man als den richtigen erkannt hat? So kann man gegenüber einer Sache denken, die von einem gewissen Ausgangspunkt aus wesentlich unverändert weiter wirkt. Das gilt nicht für den sozialen Organismus. Der verändert durch sein Leben fortwährend dasjenige, das in ihm entsteht. Will man ihm eine vermeintlich beste Form geben, in der er dann bleiben soll, so untergräbt man seine Lebensbedingungen.

Eine Lebensbedingung des sozialen Organismus ist, daß demjenigen, welcher der Allgemeinheit durch seine individuellen Fähigkeiten dienen kann, die Möglichkeit zu solchem Dienen aus der freien eigenen Initiative heraus nicht genommen werde. Wo zu solchem Dienste die freie Verfügung über Produktionsmittel gehört, da würde die Verhinderung dieser freien Initiative den allgemeinen sozialen Interessen schaden. Was gewöhnlich mit Bezug auf diese Sache vorgebracht wird, daß der Unternehmer zum Anreiz seiner Tätigkeit die Aussicht auf den Gewinn braucht, der an den Besitz der Produktionsmittel gebunden ist: das soll hier nicht geltend gemacht werden. Denn die Denkart, aus welcher die in diesem Buche dargestellte Meinung von einer Fortentwickelung der sozialen Verhältnisse erfließt, muß in der Befreiung des geistigen Lebens von dem politischen und dem wirtschaftlichen Gemeinwesen die Möglichkeit sehen, daß ein solcher Anreiz wegfallen kann. Das befreite Geistesleben wird soziales Verständnis ganz notwendig aus sich selbst entwickeln; und aus diesem Verständnis werden Anreize ganz anderer Art sich ergeben als derjenige ist, der in der Hoffnung auf wirtschaftlichen Vorteil liegt. Aber nicht darum kann es sich allein handeln, aus welchen Impulsen heraus der Privatbesitz an Produktionsmitteln bei Menschen beliebt ist, sondern darum, ob die freie Verfügung über solche Mittel, oder die durch die Gemeinschaft geregelte den Lebensbedingungen des sozialen Organismus entspricht. Und dabei muß immer im Auge behalten werden, daß man für den gegenwärtigen sozialen Organismus nicht die Lebensbedingungen in Betracht ziehen kann, die man bei primitiven Menschengesellschaften zu beobachten glaubt, sondern allein diejenigen, welche der heutigen Entwickelungsstufe der Menschheit entsprechen.

Auf dieser gegenwärtigen Stufe *kann* eben die fruchtbare Betätigung der individuellen Fähigkeiten durch das Kapital nicht ohne die freie Verfügung über dasselbe in den Kreislauf des Wirtschaftslebens eintreten. Wo fruchtbringend produziert werden soll, da muß diese Verfügung möglich sein, *nicht* weil sie einem einzelnen oder einer Menschengruppe Vorteil bringt, sondern weil sie der Allgemeinheit am besten dienen kann, wenn sie zweckmäßig von sozialem Verständnis getragen ist.

Der Mensch ist gewissermaßen, wie mit der Geschicklichkeit seiner eigenen Leibesglieder, so verbunden mit dem, was er selbst oder in Gemeinschaft mit andern erzeugt. Die Unterbindung der freien Verfügung über die Produktionsmittel kommt gleich einer Lähmung der freien Anwendung seiner Geschicklichkeit der Leibesglieder.

Nun ist aber das Privateigentum nichts anderes als der Vermittler dieser freien Verfügung. Für den sozialen Organismus kommt in Ansehung des Eigentums gar nichts anderes in Betracht, als daß der Eigentümer das *Recht* hat, über das Eigentum aus seiner freien Initiative heraus zu verfügen. Man sieht, im sozialen Leben sind zwei Dinge miteinander verbunden, welche von ganz verschiedener Bedeutung sind für den sozialen Organismus: *Die freie Verfügung* über die Kapitalgrundlage der sozialen Produktion, und *das Rechtsverhältnis*, in das der Verfüger zu andern Menschen tritt dadurch, daß durch sein Verfügungsrecht diese anderen Menschen ausgeschlossen werden von der freien Betätigung durch diese Kapitalgrundlage.

Nicht die *ursprüngliche* freie Verfügung führt zu sozialen Schäden, sondern lediglich das *Fortbestehen* des Rechtes auf diese Verfügung, wenn die Bedingungen aufgehört haben, welche in zweckmäßiger Art individuelle menschliche Fähigkeiten mit dieser Verfügung zusammenbinden. Wer seinen Blick auf den sozialen Organismus als auf ein Werdendes, Wachsendes richtet, der wird das hier Angedeutete nicht mißverstehen können. Er wird nach der Möglichkeit fragen, wie dasjenige, was dem Leben auf der einen Seite dient, so verwaltet werden kann, daß es nicht auf der anderen Seite schädlich wirkt. Was *lebt*, kann gar nicht in einer andern Weise fruchtbringend eingerichtet sein als dadurch, daß im Werden das Entstandene auch zum Nachteil führt. Und soll man an einem Werdenden selbst mitarbeiten, wie es der Mensch am sozialen Organismus muß, so kann die Aufgabe nicht darin bestehen, das Entstehen einer notwendigen Einrichtung zu verhindern, um Schaden zu vermeiden. Denn damit untergräbt man die Lebensmöglichkeit des sozialen Organismus. Es kann sich allein darum handeln, daß im rechten Augenblick eingegriffen werde, wenn sich das Zweckmäßige in ein Schädliches verwandelt.

Die Möglichkeit, frei über die Kapitalgrundlage aus den individuellen Fähigkeiten heraus zu verfügen, muß bestehen; das damit verbundene Eigentumsrecht muß in dem Augenblicke verändert werden können, in dem es umschlägt in ein Mittel zur ungerechtfertigten Machtentfaltung. In unserer Zeit haben wir eine Einrichtung, welche der hier angedeuteten sozialen Forderung Rechnung trägt, teilweise durchgeführt nur für das sogenannte geistige Eigentum. Dieses geht einige Zeit nach dem Tode des Schaffenden in freies Besitztum der Allgemeinheit über. Dem liegt eine dem Wesen des menschlichen Zusammenlebens entsprechende Vorstellungsart zugrunde. So eng auch die Hervorbringung eines rein geistigen Gutes an die individuelle Begabung des einzelnen gebunden ist: es ist dieses Gut zugleich ein Ergebnis des sozialen Zusammenlebens und muß in dieses im rechten Augenblicke übergeleitet werden. Nicht anders aber steht es mit anderem Eigentum. Daß mit dessen Hilfe der einzelne im Dienste der Gesamtheit produziert, das ist nur möglich im Mitwirken dieser Gesamtheit. Es kann also das Recht auf die Verfügung über ein Eigentum nicht von den Interessen dieser Gesamtheit getrennt verwaltet werden. Nicht ein Mittel ist zu finden, wie das Eigentum an der Kapitalgrundlage ausgetilgt werden kann, sondern ein solches, wie dieses Eigentum so verwaltet werden kann, daß es in der besten Weise der Gesamtheit diene.

In dem dreigliedrigen sozialen Organismus kann dieses Mittel gefunden werden. Die im sozialen Organismus vereinigten Menschen wirken als Gesamtheit durch den Rechtsstaat. Die Betätigung der individuellen Fähigkeiten gehört der geistigen Organisation an.

Wie alles am sozialen Organismus einer Anschauung, die für *Wirklichkeiten* Verständnis hat, und die nicht von subjektiven Meinungen, Theorien, Wünschen und so weiter sich ganz beherrschen läßt, die Notwendigkeit der Dreigliederung dieses Organismus ergibt, so insbesondere die Frage nach dem Verhältnis der individuellen menschlichen Fähigkeiten zur Kapitalgrundlage des Wirtschaftslebens und dem Eigentum an dieser Kapitalgrundlage. Der Rechtsstaat wird die Entstehung und die Verwaltung des privaten Eigentums an Kapital nicht zu verhindern haben, solange die individuellen Fähigkeiten so verbunden bleiben mit der Kapitalgrundlage, daß die Verwaltung einen Dienst bedeutet für das Ganze des sozialen Organismus. Und er wird Rechtsstaat bleiben gegenüber dem privaten Eigentum; er wird es niemals selbst in seinen Besitz nehmen, sondern bewirken, daß es im rechten Zeitpunkt in das Verfügungsrecht einer Person oder Personengruppe übergeht, die wieder ein in den individuellen Verhältnissen bedingtes Verhältnis zu dem Besitze entwickeln können. Von zwei ganz verschiedenen Ausgangspunkten wird dadurch dem sozialen Organismus gedient werden können. Aus dem demokratischen Untergrund des Rechtsstaates heraus, der es zu tun hat mit dem, was *alle Menschen* in gleicher Art berührt, wird gewacht werden können, daß Eigentumsrecht nicht im Laufe der Zeit zu Eigentumsunrecht wird. Dadurch, daß dieser Staat das Eigentum nicht selbst verwaltet, sondern sorgt für die Überleitung an die individuellen menschlichen Fähigkeiten, werden diese ihre fruchtbare Kraft für die Gesamtheit des sozialen Organismus entfalten. Solange es als zweckmäßig erscheint, werden durch eine solche Organisation die Eigentumsrechte oder die Verfügung über dieselben bei dem persönlichen Elemente verbleiben können. Man kann sich vorstellen, daß die Vertreter im Rechtsstaate zu verschiedenen Zeiten ganz verschiedene Gesetze geben werden über die Überleitung des Eigentums von einer Person oder Personengruppe an andere. In der Gegenwart, in der sich in weiten Kreisen ein großes Mißtrauen zu allem privaten Eigentum entwickelt hat, wird an ein radikales Überführen des privaten Eigentums in Gemeineigentum gedacht. Würde man auf diesem Wege weit gelangen, so würde man sehen, wie man dadurch die Lebensmöglichkeit des sozialen Organismus unterbindet. Durch die Erfahrung belehrt, würde man einen andern Weg später einschlagen. Doch wäre es zweifellos besser, wenn man schon in der Gegenwart zu Einrichtungen griffe, die dem sozialen Organismus im Sinne des hier Angedeuteten seine Gesundheit gäben. Solange eine Person für sich allein oder in Verbindung mit einer Personengruppe die produzierende Betätigung fortsetzt, die sie mit einer Kapitalgrundlage zusammengebracht hat, wird ihr das

Verfügungsrecht verbleiben müssen über diejenige Kapitalmasse, die sich aus dem Anfangskapital als Betriebsgewinn
ergibt, wenn der letztere zur Erweiterung des Produktionsbetriebes verwendet wird. Von dem Zeitpunkt an, in dem
eine solche Persönlichkeit aufhört, die Produktion zu verwalten, soll diese Kapitalmasse an eine andere Person oder
Personengruppe zum Betriebe einer gleichgearteten oder
anderen dem sozialen Organismus dienenden Produktion
übergehen. Auch dasjenige Kapital, das aus dem Produktionsbetrieb gewonnen wird und nicht zu dessen Erweiterung verwendet wird, soll von seiner Entstehung an den
gleichen Weg nehmen. Als persönliches Eigentum der
den Betrieb ieitenden Persönlichkeit soll nur gelten, was
diese bezieht auf Grund derjenigen Ansprüche, die sie bei
Aufnahme des Produktionsbetriebes glaubte wegen ihrer
individuellen Fähigkeit machen zu können, und die dadurch
gerechtfertigt erscheinen, daß sie aus dem Vertrauen anderer
Menschen heraus bei Geltendmachung derselben Kapital
erhalten hat. Hat das Kapital durch die Betätigung dieser
Persönlichkeit eine Vergrößerung erfahren, so wird in deren
individuelles Eigentum aus dieser Vergrößerung so viel
übergehen, daß die Vermehrung der ursprünglichen Bezüge
der Kapitalvermehrung im Sinne eines Zinsbezuges entspricht. — Das Kapital, mit dem ein Produktionsbetrieb
eingeleitet worden ist, wird nach dem Willen der ursprünglichen Besitzer an den neuen Verwalter mit allen über-
nommenen Verpflichtungen übergehen, oder an diese zurückfließen, wenn der erste Verwalter den Betrieb nicht mehr
besorgen kann oder will.

Man hat es bei einer solchen Einrichtung mit Rechtsübertragungen zu tun. Die gesetzlichen Bestimmungen zu

treffen, wie solche Übertragungen stattfinden sollen, obliegt dem Rechtsstaat. Er wird auch über die Ausführung zu wachen und deren Verwaltung zu führen haben. Man kann sich denken, daß im einzelnen die Bestimmungen, die eine solche Rechtsübertragung regeln, in sehr verschiedener Art aus dem Rechtsbewußtsein heraus für richtig befunden werden. Eine Vorstellungsart, die wie die hier dargestellte *wirklichkeitsgemäß* sein soll, wird niemals mehr wollen als auf die *Richtung* weisen, in der sich die Regelung bewegen kann. Geht man verständnisvoll auf diese Richtung ein, so wird man im konkreten Einzelfalle immer ein Zweckentsprechendes finden. Doch wird aus den besondern Verhältnissen heraus für die Lebenspraxis dem Geiste der Sache gemäß das Richtige gefunden werden müssen. Je wirklichkeitsgemäßer eine Denkart ist, desto weniger wird sie für einzelnes aus vorgefaßten Forderungen heraus Gesetz und Regel feststellen wollen. – Nur wird andrerseits eben aus dem Geiste der Denkart in entschiedener Weise das eine oder das andere mit Notwendigkeit sich ergeben. Ein solches Ergebnis ist, daß der Rechtsstaat durch seine Verwaltung der Rechtsübertragungen selbst niemals die Verfügung über ein Kapital wird an sich reißen dürfen. Er wird nur dafür zu sorgen haben, daß die Übertragung an eine solche Person oder Personengruppe geschieht, welche diesen Vorgang durch ihre individuellen Fähigkeiten als gerechtfertigt erscheinen lassen. Aus dieser Voraussetzung heraus wird auch zunächst ganz allgemein die Bestimmung zu gelten haben, daß, wer aus den geschilderten Gründen zu einer Kapitalübertragung zu schreiten hat, sich aus freier Wahl über seine Nachfolge in der Kapitalverwertung entscheiden kann. Er wird eine Person oder Personengruppe wählen können, oder auch das Verfügungsrecht auf eine Korporation der geistigen Organisation übertragen können. Denn wer durch eine Kapitalverwaltung dem sozialen Organismus zweckentsprechende Dienste geleistet hat, der wird auch über die weitere Verwendung dieses Kapitals aus seinen individuellen Fähigkeiten heraus mit sozialem Verständnis urteilen. Und es wird für den sozialen Organismus dienlicher sein, wenn auf dieses Urteil gebaut wird, als wenn darauf verzichtet und die Regelung von Personen vorgenommen wird, die nicht unmittelbar mit der Sache verbunden sind.

Eine Regelung dieser Art wird in Betracht kommen bei Kapitalmassen von einer bestimmten Höhe an, die von einer Person oder einer Personengruppe durch Produktionsmittel (zu denen auch Grund und Boden gehört) erworben werden, und die nicht auf der Grundlage der ursprünglich für die Betätigung der individuellen Fähigkeiten gemachten Ansprüche persönliches Eigentum werden.

Die in der letzteren Art gemachten Erwerbungen und alle Ersparnisse, die aus den Leistungen der eigenen Arbeit entspringen, verbleiben bis zum Tode des Erwerbers oder bis zu einem spätern Zeitpunkte im persönlichen Besitz dieses Erwerbers oder seiner Nachkommen. Bis zu diesem Zeitpunkte wird auch ein aus dem Rechtsbewußtsein sich ergebender, durch den Rechtsstaat festzusetzender Zins von dem zu leisten sein, dem solche Ersparnisse zum Schaffen von Produktionsmitteln gegeben werden. In einer sozialen Ordnung, die auf den hier geschilderten Grundlagen ruht, kann eine vollkommene Scheidung durchgeführt werden zwischen den Erträgnissen, die auf Grund einer Arbeitsleistung mit Produktionsmitteln zustandekommen und den Vermögensmassen, die auf Grund der persönlichen (physischen und geistigen) Arbeit erworben werden. Diese Scheidung entspricht dem Rechtsbewußtsein und den Interessen der sozialen Allgemeinheit. Was jemand erspart und als Ersparnis einem Produktionsbetrieb zur Verfügung stellt, das dient den allgemeinen Interessen. Denn es macht erst die Produktionsleitung durch individuelle menschliche Fähigkeiten möglich. Was an Kapitalvermehrung durch die Produktionsmittel – nach Abzug des rechtmäßigen Zinses – entsteht, das verdankt seine Entstehung der Wirkung des gesamten sozialen Organismus. Es soll also auch in der geschilderten Art wieder in ihn zurückfließen. Der Rechtsstaat wird nur eine Bestimmung darüber zu treffen haben, *daß* die Überleitung der in Frage kommenden Kapitalmassen in der angegebenen Art geschehe; nicht aber wird es ihm obliegen, Entscheidungen darüber zu treffen, zu welcher materiellen oder geistigen Produktion ein übergeleitetes oder auch ein erspartes Kapital zur Verfügung zu stellen ist. Das würde zu einer Tyrannis des Staates über die geistige und materielle Produktion führen. Diese aber wird in der für den sozialen Organismus besten Art durch die individuellen menschlichen Fähigkeiten geleitet. Nur wird es demjenigen, der nicht selbst die Wahl darüber treffen will, an wen er ein durch ihn entstandenes Kapital übertragen soll, frei überlassen sein, für das Verfügungsrecht eine Korporation der geistigen Organisation einzusetzen.

Auch ein durch Ersparnis gewonnenes Vermögen geht mit dem Zinserträgnis nach dem Tode des Erwerbers oder einige Zeit danach an eine geistig oder materiell produzierende Person oder Personengruppe – aber *nur* an eine solche, nicht an eine unproduktive Person, bei der es zur

Rente würde — über, die durch letztwillige Anordnung von dem Erwerber zu wählen ist. Auch dafür wird, wenn eine Person oder Personengruppe nicht unmittelbar gewählt werden kann, die Übertragung des Verfügungsrechtes an eine Korporation des geistigen Organismus in Betracht kommen. Nur wenn jemand von sich aus keine Verfügung trifft, so wird der Rechtsstaat für ihn eintreten und durch die geistige Organisation die Verfügung treffen lassen.

Innerhalb einer so geregelten sozialen Ordnung ist zugleich der freien Initiative der einzelnen Menschen und auch den Interessen der sozialen Allgemeinheit Rechnung getragen; ja es wird den letzteren eben dadurch voll entsprochen, daß die freie Einzel-Initiative in ihren Dienst gestellt wird. Wer seine Arbeit der Leitung eines andern Menschen anzuvertrauen hat, wird bei einer solchen Regelung wissen können, daß das mit dem Leiter gemeinsam Erarbeitete in der möglichst besten Art für den sozialen Organismus, also auch für den Arbeiter selbst, fruchtbar wird. Die hier gemeinte soziale Ordnung wird ein dem gesunden Empfinden der Menschen entsprechendes Verhältnis schaffen zwischen den durch das Rechtsbewußtsein geregelten Verfügungsrechten über in Produktionsmitteln verkörpertes Kapital und menschlicher Arbeitskraft einerseits und den Preisen der durch beides geschaffenen Erzeugnisse andrerseits. – Vielleicht findet mancher in dem hier Dargestellten Unvollkommenheiten. Die mögen gefunden werden. Es kommt einer wirklichkeitsgemäßen Denkart nicht darauf an, vollkommene «Programme» ein für alle Male zu geben, sondern darauf, die *Richtung* zu kennzeichnen, in der praktisch gearbeitet werden soll. Durch solche besondere Angaben, wie sie die hier gemachten sind, soll eigentlich nur wie durch ein Beispiel die gekennzeichnete Richtung näher erläutert werden. Ein solches Beispiel mag verbessert werden. Wenn dies nur in der angegebenen Richtung geschieht, dann kann ein fruchtbares Ziel erreicht werden.

Berechtigte persönliche oder Familienimpulse werden sich durch solche Einrichtungen mit den Forderungen der menschlichen Allgemeinheit in Einklang bringen lassen. Man wird gewiß darauf hinweisen können, daß die Versuchung, das Eigentum auf einen oder mehrere Nachkommen noch bei Lebzeiten zu übertragen, sehr groß ist. Und daß man ja in solchen Nachkommen scheinbar Produzierende schaffen kann, die aber dann doch gegenüber anderen untüchtig sind und besser durch diese anderen ersetzt würden. Doch diese Versuchung wird in einer von den oben angedeuteten Einrichtungen beherrschten Organisation eine möglichst geringe sein können. Denn der Rechtsstaat braucht nur zu verlangen, daß unter allen Umständen das Eigentum, das an ein Familienmitglied von einem andern übertragen worden ist, nach Ablauf einer gewissen, auf den Tod des letzteren folgenden Zeit einer Korporation der geistigen Organisation zufällt. Oder es kann in andrer Art durch das Recht die Umgehung der Regel verhindert werden. Der Rechtsstaat wird nur dafür sorgen, *daß* diese Überführung geschehe; wer ausersehen sein soll, das Erbe anzutreten, das sollte durch eine aus der geistigen Organisation hervorgegangene Einrichtung bestimmt sein. Durch Erfüllung solcher Voraussetzungen wird sich ein Verständnis dafür entwickeln, daß Nachkommen durch Erziehung und Unterricht für den sozialen Organismus geeignet gemacht werden, und nicht durch

Kapitalübertragung an unproduktive Personen sozialer Schaden angerichtet werde. Jemand, in dem wirklich soziales Verständnis lebt, hat kein Interesse daran, daß seine Verbindung mit einer Kapitalgrundlage nachwirke bei Personen oder Personengruppen, bei denen die individuellen Fähigkeiten eine solche Verbindung nicht rechtfertigen.

Niemand wird, was hier ausgeführt ist, für eine bloße Utopie halten, der Sinn für wirklich praktisch Durchführbares hat. Denn es wird gerade auf solche Einrichtungen gedeutet, die ganz unmittelbar an jeder Stelle des Lebens aus den gegenwärtigen Zuständen heraus erwachsen können. Man wird nur zu dem Entschluß greifen müssen, innerhalb des Rechtsstaates auf die Verwaltung des geistigen Lebens und auf das Wirtschaften allmählich zu verzichten und sich nicht zu wehren, wenn, was geschehen sollte, wirklich geschieht, daß private Bildungsanstalten entstehen und daß sich das Wirtschaftsleben auf die eigenen Untergründe stellt. Man braucht die Staatsschulen und die staatlichen Wirtschaftseinrichtungen nicht von heute zu morgen abzuschaffen; aber man wird aus vielleicht kleinen Anfängen heraus die Möglichkeit erwachsen sehen, daß ein allmählicher Abbau des staatlichen Bildungs- und Wirtschaftswesens erfolge. Vor allem aber würde notwendig sein, daß diejenigen Persönlichkeiten, welche sich mit der Überzeugung durchdringen können von der Richtigkeit der hier dargestellten oder ähnlicher sozialer Ideen, für deren Verbreitung sorgen. Finden solche Ideen Verständnis, so wird dadurch *Vertrauen* geschaffen zu einer möglichen heilsamen Umwandlung der gegenwärtigen Zustände in solche, welche deren Schäden nicht zeigen. *Dieses* Vertrauen aber ist das einzige, aus dem eine wirklich gesunde Entwickelung wird hervorgehen können. Denn wer ein solches Vertrauen gewinnen soll, der muß überschauen können, wie Neu-einrichtungen sich praktisch an das Bestehende anknüpfen lassen. Und es scheint gerade das Wesentliche der Ideen zu sein, die hier entwickelt werden, daß sie nicht eine bessere Zukunft herbeiführen wollen durch eine noch weiter-gehende Zerstörung des Gegenwärtigen, als sie schon ein-getreten ist; sondern daß die Verwirklichung solcher Ideen auf dem Bestehenden weiterbaut und im Weiterbauen den Abbau des Ungesunden herbeiführt. Eine Aufklärung, die ein Vertrauen nach dieser Richtung nicht anstrebt, wird nicht erreichen, was unbedingt erreicht werden muß: eine Weiterentwickelung, bei welcher der Wert der bisher von den Menschen erarbeiteten Güter und der erworbenen Fähigkeiten nicht in den Wind geschlagen, sondern gewahrt wird. Auch der ganz radikal Denkende kann Vertrauen zu einer sozialen Neugestaltung unter Wahrung der über-kommenen Werte gewinnen, wenn er vor Ideen sich gestellt sieht, die eine wirklich gesunde Entwickelung einleiten können. Auch er wird einsehen müssen, daß, welche Men-schenklasse auch immer zur Herrschaft gelangt, sie die bestehenden Übel nicht beseitigen wird, wenn ihre Impulse nicht von Ideen getragen sind, die den sozialen Organismus gesund, lebensfähig machen. Verzweifeln, weil man nicht glauben kann, daß bei einer genügend großen Anzahl von Menschen auch in den Wirren der Gegenwart Verständnis sich finde für solche Ideen, wenn auf ihre Verbreitung die notwendige Energie gewandt werden kann, hieße an der Empfänglichkeit der Menschennatur für Impulse des Gesunden und Zweckentsprechenden verzweifeln. Es sollte *diese* Frage, ob man daran verzweifeln müsse, gar nicht gestellt werden, sondern *nur die* andere: was man tun solle, um die Aufklärung über vertrauenerweckende Ideen so kraftvoll als möglich zu machen.

Einer wirksamen Verbreitung der hier dargestellten Ideen wird zunächst entgegenstehen, daß die Denkgewohnheiten des gegenwärtigen Zeitalters aus zwei Untergründen heraus mit ihnen nicht zurechtkommen werden. Entweder wird man in irgendeiner Form einwenden, man könne sich nicht vorstellen, daß ein Auseinanderreißen des einheitlichen sozialen Lebens möglich sei, da doch die drei gekennzeichneten Zweige dieses Lebens in der Wirklichkeit überall zusammenhängen; oder man wird finden, daß auch im Einheitsstaate die notwendige selbständige Bedeutung eines jeden der drei Glieder erreicht werden könne, und daß eigentlich mit dem hier Dargestellten ein Ideengespinst gegeben sei, das die Wirklichkeit nicht berühre. Der erste Einwand beruht darauf, daß von einem *unwirklichen* Denken ausgegangen wird. Daß geglaubt wird, die Menschen könnten in einer Gemeinschaft nur eine Einheit des Lebens erzeugen, wenn diese Einheit durch Anordnung erst in die Gemeinschaft hineingetragen wird. Doch das Umgekehrte wird von der Lebenswirklichkeit verlangt. Die Einheit muß als das *Ergebnis* entstehen; die von verschiedenen Richtungen her zusammenströmenden Betätigungen müssen *zuletzt* eine Einheit bewirken. *Dieser* wirklichkeitsgemäßen Idee lief die Entwickelung der letzten Zeit zuwider. Deshalb stemmte sich, was in den Menschen lebte, gegen die von außen in das Leben gebrachte «Ordnung» und führte zu der gegenwärtigen sozialen Lage. – Das zweite Vorurteil geht hervor aus dem Unvermögen, die radikale Verschiedenheit im

Wirken der drei Glieder des sozialen Lebens zu durchschauen. Man sieht nicht, wie der Mensch zu jedem der drei
Glieder ein *besonderes* Verhältnis hat, das in seiner Eigenart nur entfaltet werden kann, wenn im wirklichen Leben
ein für sich bestehender Boden vorhanden ist, auf dem
sich, abgesondert von den beiden andern, dieses Verhältnis
ausgestalten kann, um mit ihnen zusammenzuwirken.
Eine Anschauung der Vergangenheit, die physiokratische,
meinte: Entweder die Menschen machen Regierungsmaß-
regeln über das wirtschaftliche Leben, welche der freien
Selbstentfaltung dieses Lebens widerstreben; dann seien
solche Maßregeln schädlich. Oder die *Gesetze* laufen in
derselben Richtung, in welcher das Wirtschaftsleben von
selbst läuft, wenn es sich frei überlassen bleibt; dann seien
sie überflüssig. Als Schulmeinung ist diese Anschauung
überwunden; als Denkgewohnheit spukt sie aber überall
noch verheerend in den Menschenköpfen. Man meint, wenn
ein Lebensgebiet seinen Gesetzen folgt, dann müsse aus
diesem Gebiete *alles* für das Leben Notwendige sich
ergeben. Wenn, zum Beispiel, das Wirtschaftsleben in einer
solchen Art geregelt werde, daß die Menschen die Regelung
als eine sie befriedigende empfinden, dann müsse auch das
Rechts- und Geistesleben aus dem geordneten Wirtschafts-
boden sich richtig ergeben. Doch dieses ist nicht möglich.
Und nur ein Denken, das der Wirklichkeit fremd gegen-
übersteht, kann glauben, daß es möglich sei. Im Kreislauf
des Wirtschaftslebens ist *nichts* vorhanden, das von sich aus
einen Antrieb enthielte, dasjenige zu regeln, was aus dem
Rechtsbewußtsein über das Verhältnis von Mensch zu
Mensch erfließt. Und will man *dieses* Verhältnis aus den
wirtschaftlichen Antrieben heraus ordnen, so wird man den

Menschen mit seiner Arbeit und mit der Verfügung über die Arbeitsmittel in das Wirtschaftsleben einspannen. Er wird ein Rad in einem Wirtschaftsleben, das wie ein Mechanismus wirkt. Das Wirtschaftsleben hat die Tendenz, fortwährend in einer Richtung sich zu bewegen, in die von einer andern Seite her eingegriffen werden muß. Nicht, wenn die Rechtsmaßnahmen in der Richtung verlaufen, die vom Wirtschaftsleben erzeugt wird, sind sie gut, oder wenn sie ihr zuwiderlaufen, sind sie schädlich; sondern, wenn die Richtung, in welcher das Wirtschaftsleben läuft, fortwährend beeinflußt wird von den Rechten, welche den Menschen nur als Menschen angehen, wird dieser in dem Wirtschaftsleben ein menschenwürdiges Dasein führen können. Und nur dann, wenn ganz abgesondert von dem Wirtschaftsleben die individuellen Fähigkeiten auf einem eigenen Boden erwachsen und dem Wirtschaften die Kräfte immer wieder neu zuführen, die aus ihm selbst sich nicht erzeugen *können,* wird auch das Wirtschaften in einer den Menschen gedeihlichen Art sich entwickeln können.

Es ist merkwürdig: auf dem Gebiete des rein äußerlichen Lebens sieht man leicht den Vorteil der Arbeitsteilung ein. Man glaubt nicht, daß der Schneider sich seine Kuh züchten solle, die ihn mit Milch versorgt. Für die umfassende Gliederung des Menschenlebens glaubt man, daß die Einheitsordnung das allein Ersprießliche sein müsse.

Daß Einwände gerade bei einer dem wirklichen Leben entsprechenden sozialen Ideenrichtung von allen Seiten sich ergeben müssen, ist selbstverständlich. Denn das wirkliche Leben erzeugt Widersprüche. Und wer diesem Leben gemäß denkt, der muß Einrichtungen verwirklichen wollen, deren

Lebenswidersprüche durch andere Einrichtungen ausgeglichen werden. Er *darf nicht* glauben: eine Einrichtung, die sich vor seinem Denken als «ideal gut» ausweist, werde, wenn sie verwirklicht wird, auch widerspruchslos sich gestalten. – Es ist eine durchaus berechtigte Forderung des gegenwärtigen Sozialismus, daß die neuzeitlichen Einrichtungen, in denen produziert wird um des Profitierens des einzelnen willen, durch solche ersetzt werden, in denen produziert wird, um des Konsumierens aller willen. Allein gerade derjenige, welcher diese Forderung *voll* anerkennt, wird nicht zu der Schlußfolgerung dieses neueren Sozialismus kommen können: Also müssen die Produktionsmittel aus dem Privateigentum in Gemeineigentum übergehen. Er wird vielmehr die ganz andere Schlußfolgerung anerkennen müssen: Also muß, was privat auf Grund der individuellen Tüchtigkeiten produziert wird, durch die rechten Wege der Allgemeinheit zugeführt werden. Der wirtschaftliche Impuls der neueren Zeit ging dahin, durch die Menge des Gütererzeugens Einnahmen zu schaffen; die Zukunft wird danach streben müssen, durch Assoziationen aus der notwendigen Konsumtion die beste Art der Produktion und die Wege von dem Produzenten zu dem Konsumenten zu finden. Die Rechtseinrichtungen werden dafür sorgen, daß ein Produktionsbetrieb nur so lange mit einer Person oder Personengruppe verbunden bleibt, als sich diese Verbindung aus den individuellen Fähigkeiten dieser Personen heraus rechtfertigt. Statt dem *Gemeineigentum* der Produktionsmittel wird im sozialen Organismus ein *Kreislauf* dieser Mittel eintreten, der sie immer von neuem zu denjenigen Personen bringt, deren individuelle Fähigkeiten sie in der möglichst besten Art der Gemeinschaft nutzbar machen können. Auf diese Art wird zeitweilig diejenige Verbindung zwischen Persönlichkeit und Produktionsmittel hergestellt, die bisher durch den Privatbesitz bewirkt worden ist. Denn der Leiter einer Unternehmung und seine Unterleiter werden es den Produktionsmitteln verdanken, daß ihre Fähigkeiten ihnen ein ihren Ansprüchen gemäßes Einkommen bringen. Sie werden nicht verfehlen, die Produktion zu einer möglichst vollkommenen zu machen, denn die Steigerung dieser Produktion bringt ihnen zwar nicht den vollen Profit, aber doch einen Teil des Erträgnisses. Der Profit fließt ja doch nur im Sinne des oben Ausgeführten der Allgemeinheit bis zu dem Grade zu, der sich ergibt nach Abzug des Zinses, der dem Produzenten zugute kommt wegen der Steigerung der Produktion. Und es liegt eigentlich schon im Geiste des hier Dargestellten, daß, wenn die Produktion zurückgeht, sich das Einkommen des Produzenten in demselben Maße zu verringern habe, wie es sich steigert bei der Produktionserweiterung. Immer aber wird das Einkommen aus der geistigen Leistung des Leitenden fließen, nicht aus einem solchen Profit, welcher auf Verhältnissen beruht, die nicht in der geistigen Arbeit eines Unternehmers, sondern in dem Zusammenwirken der Kräfte des Gemeinlebens ihre Grundlage haben.

Man wird sehen können, daß durch Verwirklichung solcher sozialer Ideen, wie sie hier dargestellt sind, Einrichtungen, die gegenwärtig bestehen, eine völlig neue Bedeutung erhalten werden. Das Eigentum hört auf, dasjenige zu sein, was es bis jetzt gewesen ist. Und es wird nicht zurückgeführt zu einer überwundenen Form, wie sie das Gemeineigentum darstellen würde, sondern es wird fortgeführt zu etwas völlig Neuem. Die Gegenstände des Eigentums werden in den Fluß des sozialen Lebens gebracht. Der einzelne kann sie nicht aus seinem Privatinteresse heraus zum Schaden der Allgemeinheit verwalten; aber auch die Allgemeinheit wird sie nicht zum Schaden der einzelnen bureaukratisch verwalten können; sondern der geeignete einzelne wird zu ihnen den Zugang finden, um durch sie der Allgemeinheit dienen zu können.

Ein Sinn für das Allgemeininteresse kann sich durch die Verwirklichung solcher Impulse entwickeln, welche das Produzieren auf eine gesunde Grundlage stellen und den sozialen Organismus vor Krisengefahren bewahren. – Auch wird eine Verwaltung, die es nur zu tun hat mit dem Kreislauf des Wirtschaftslebens, zu Ausgleichen führen können, die etwa aus diesem Kreislauf heraus als notwendig sich ergeben. Sollte, zum Beispiel, ein Betrieb nicht in der Lage sein, seinen Darleihern ihre Arbeitsersparnisse zu verzinsen, so wird, wenn er doch als einem Bedürfnis entsprechend anerkannt wird, aus andern Wirtschaftsbetrieben nach freier Übereinkunft mit allen an den letzteren beteiligten Personen das Fehlende zugeschossen werden können. Ein in sich abgeschlossener Wirtschaftskreislauf, der von außen die Rechtsgrundlage erhält und den fortdauernden Zufluß der zutage tretenden individuellen Menschenfähigkeiten, wird es in sich nur mit dem Wirtschaften zu tun haben. Er wird dadurch der Veranlasser einer Güterverteilung sein können, die jedem das verschafft, was er nach dem Wohlstande der Gemeinschaft gerechter Art haben kann. Wenn einer scheinbar mehr Einkommen haben wird als ein anderer, so wird dies nur deshalb sein, weil das «Mehr» wegen seiner individuellen Fähigkeiten der Allgemeinheit zugute kommt.

Ein sozialer Organismus, der im Lichte der hier dargestellten Vorstellungsart sich gestaltet, wird durch eine Übereinkunft zwischen den Leitern des Rechtslebens und denen des Wirtschaftslebens die Abgaben regeln können, welche für das Rechtsleben notwendig sind. Und alles, was zum Unterhalte der geistigen Organisation nötig ist, wird dieser zufließen durch die aus freiem Verständnis für sie erfolgende Vergütung von seiten der Einzelpersonen, die am sozialen Organismus beteiligt sind. Diese geistige Organisation wird ihre gesunde Grundlage durch die in freier Konkurrenz sich geltend machende individuelle Initiative der zur geistigen Arbeit fähigen Einzelpersonen haben.

Aber *nur* in dem hier gemeinten sozialen Organismus wird die Verwaltung des Rechtes das notwendige Verständnis finden für eine gerechte Güterverteilung. Ein Wirtschaftsorganismus, der nicht aus den Bedürfnissen der einzelnen Produktionszweige die Arbeit der Menschen in Anspruch nimmt, sondern der mit dem zu wirtschaften hat, was ihm das Recht möglich macht, wird den Wert der Güter nach dem bestimmen, was ihm die Menschen leisten. Er wird nicht die Menschen leisten lassen, was durch den unabhängig von Menschenwohlfahrt und Menschenwürde zustande gekommenen Güterwert bestimmt ist. Ein solcher Organismus wird Rechte sehen, die aus rein menschlichen Verhältnissen sich ergeben. Kinder werden das Recht auf Erziehung haben; der Familienvater wird als Arbeiter ein höheres Einkommen haben können als der Einzelnstehende. Das «Mehr» wird ihm zufließen durch Einrichtungen, die durch Übereinkommen aller drei sozialen Organisationen begründet werden. Solche Einrichtungen können dem Rechte auf Erziehung dadurch entsprechen, daß nach den allgemeinen Wirtschaftsverhältnissen die Verwaltung der wirtschaftlichen Organisation die mögliche Höhe des Erziehungseinkommens bemißt und der Rechtsstaat die Rechte des einzelnen festsetzt nach den Gutachten der geistigen Organisation. Wieder liegt es in der Art eines wirklichkeitsgemäßen Denkens, daß mit einer solchen Angabe nur wie durch ein Beispiel *die Richtung* bezeichnet wird, in welcher die Einrichtungen bewirkt werden können. Es wäre möglich, daß für das einzelne ganz anders geartete Einrichtungen als richtig befunden würden. Aber dieses «Richtige» wird sich nur finden lassen durch das zielgemäße Zusammenwirken der drei in sich selbständigen Glieder des sozialen Organismus. Hier, für diese Darstellung, möchte im Gegensatz zu vielem, was in der Gegenwart für praktisch gehalten wird, es aber nicht ist, die ihr zugrunde liegende Denkart das wirklich Praktische finden, nämlich eine solche Gliederung des sozialen Organismus, die bewirkt, daß die Menschen in dieser Gliederung das sozial Zweckmäßige veranlassen.

Wie Kindern das *Recht* auf Erziehung, so steht Altgewordenen, Invaliden, Witwen, Kranken das Recht auf einen Lebensunterhalt zu, zu dem die Kapitalgrundlage in einer ähnlichen Art dem Kreislauf des sozialen Organismus zufließen muß wie der gekennzeichnete Kapitalbeitrag für die Erziehung der noch nicht selbst Leistungsfähigen. Das Wesentliche bei all diesem ist, daß die Feststellung desjenigen, was ein nicht selbst Verdienender als Einkommen bezieht, nicht aus dem Wirtschaftsleben sich ergeben soll, sondern daß umgekehrt das Wirtschaftsleben abhängig wird von dem, was in dieser Beziehung aus dem Rechtsbewußtsein sich ergibt. Die in einem Wirtschaftsorganismus

Arbeitenden werden von dem durch ihre Arbeit Geleisteten um so weniger haben, je mehr für die nicht Verdienenden abfließen muß. Aber das «Weniger» wird von allen am sozialen Organismus Beteiligten gleichmäßig getragen, wenn die hier gemeinten sozialen Impulse ihre Verwirklichung finden werden. Durch den vom Wirtschaftsleben abgesonderten Rechtsstaat wird, was eine allgemeine Angelegenheit der Menschheit ist, Erziehung und Unterhalt nicht Arbeitsfähiger, auch wirklich zu einer solchen Angelegenheit gemacht, denn im Gebiete der Rechtsorganisation wirkt dasjenige, worinnen *alle mündig gewordenen Menschen* mitzusprechen haben.

Ein sozialer Organismus, welcher der hier gekennzeichneten Vorstellungsart entspricht, wird die Mehrleistung, die ein Mensch auf Grund seiner individuellen Fähigkeiten vollbringt, ebenso in die Allgemeinheit überführen, wie er für die Minderleistung der weniger Befähigten den berechtigten Unterhalt aus dieser Allgemeinheit entnehmen wird. «Mehrwert» wird nicht geschaffen werden für den unberechtigten Genuß des einzelnen, sondern zur Erhöhung dessen, was dem sozialen Organismus seelische oder materielle Güter zuführen kann; und zur Pflege desjenigen, was innerhalb dieses Organismus aus dessen Schoß heraus entsteht, ohne daß es ihm unmittelbar dienen kann.

Wer der Ansicht zuneigt, daß die Auseinanderhaltung der drei Glieder des sozialen Organismus nur einen ideellen Wert habe, und daß sie sich auch beim einheitlich gestalteten Staatsorganismus oder bei einer das Staatsgebiet umfassenden, auf Gemeineigentum an den Produktionsmitteln beruhenden wirtschaftlichen Genossenschaft «von selbst» ergebe, der sollte seinen Blick auf die besondere Art von sozialen Einrichtungen lenken, die sich ergeben müssen, wenn die Dreigliederung verwirklicht wird. Da wird, zum Beispiel, nicht mehr die Staatsverwaltung das Geld als gesetzliches Zahlungsmittel anzuerkennen haben, sondern diese Anerkennung wird auf den Maßnahmen beruhen, welche von den Verwaltungskörpern der Wirtschaftsorganisation ausgehen. Denn Geld kann im gesunden sozialen Organismus nichts anderes sein als eine Anweisung auf Waren, die von andern erzeugt sind und die man aus dem Gesamtgebiet des Wirtschaftslebens deshalb beziehen kann, weil man selbst erzeugte Waren an dieses Gebiet abgegeben hat. Durch den Geldverkehr wird ein Wirtschaftsgebiet eine einheitliche Wirtschaft. Jeder produziert auf dem Umwege durch das ganze Wirtschaftsleben für jeden. Innerhalb des Wirtschaftsgebietes hat man es nur mit Warenwerten zu tun. Für dieses Gebiet nehmen auch die *Leistungen,* die entstehen aus der geistigen und der staatlichen Organisation heraus, den Warencharakter an. Was ein Lehrer an seinen Schülern leistet, ist für den Wirtschaftskreislauf Ware. Dem Lehrer werden seine individuellen Fähigkeiten ebensowenig bezahlt wie dem Arbeiter seine Arbeitskraft. Bezahlt *kann* beiden nur werden, was, von ihnen ausgehend, im Wirtschaftskreislauf Ware und Waren sein kann. Wie die freie Initiative, wie das Recht wirken sollen, damit die Ware zustande komme, das liegt ebenso *außerhalb* des Wirtschaftskreislaufes wie die Wirkung der Naturkräfte auf das Kornerträgnis in einem segensreichen oder einem magern Jahr. Für den Wirtschaftskreislauf sind die geistige Organisation bezüglich dessen, was sie beansprucht als wirtschaftliches Erträgnis, *und auch der Staat* einzelne Warenproduzenten. Nur ist, was sie produzieren, innerhalb ihres eigenen Gebietes nicht Ware, sondern es wird erst Ware, wenn es von dem Wirtschaftskreislauf aufgenommen wird. Sie wirtschaften nicht in ihren eigenen Gebieten; mit dem von ihnen Geleisteten wirtschaftet die Verwaltung des Wirtschaftsorganismus.

Der rein wirtschaftliche Wert einer Ware (oder eines Geleisteten), insofern er sich ausdrückt in dem Gelde, das seinen Gegenwert darstellt, wird von der Zweckmäßigkeit abhängen, mit der sich innerhalb des Wirtschaftsorganismus die *Verwaltung* der Wirtschaft ausgestaltet. Von den Maßnahmen dieser Verwaltung wird es abhängen, inwiefern auf der geistigen und rechtlichen Grundlage, welche von den andern Gliedern des sozialen Organismus geschaffen wird, die wirtschaftliche Fruchtbarkeit sich entwickeln kann. Der Geldwert einer Ware wird dann der Ausdruck dafür sein, daß diese Ware in der den Bedürfnissen entsprechenden Menge durch die Einrichtungen des Wirtschaftsorganismus erzeugt wird. Würden die in dieser Schrift dargelegten Voraussetzungen verwirklicht, so wird im Wirtschaftsorganismus nicht der Impuls ausschlaggebend sein, welcher durch die bloße Menge der Produktion Reichtum ansammeln will, sondern es wird durch die entstehenden und sich in der mannigfaltigsten Art verbindenden Genossenschaften die Gütererzeugung sich den Bedürfnissen anpassen. Dadurch wird das diesen Bedürfnissen entsprechende Verhältnis zwischen dem Geldwert und den Produktionseinrichtungen im sozialen Organismus hergestellt*. Das

---

* Nur durch eine Verwaltung des sozialen Organismus, die in dieser Art zustande kommt im freien Zusammenwirken der drei Glieder des sozialen Organismus, wird sich als Ergebnis für das Wirtschaftsleben ein gesundes Preisverhältnis der erzeugten Güter einstellen. Dieses

Geld wird im gesunden sozialen Organismus wirklich nur Wertmesser sein; denn hinter jedem Geldstück oder Geldschein steht die Warenleistung, auf welche hin der Geldbesitzer allein zu dem Gelde gekommen sein kann. Es werden sich aus der Natur der Verhältnisse heraus Einrichtungen notwendig machen, welche dem Gelde für den Inhaber seinen Wert benehmen, wenn es die eben gekennzeichnete Bedeutung verloren hat. Auf solche Einrichtungen ist schon hingewiesen worden. Geldbesitz geht nach einer bestimmten Zeit in geeigneter Form an die Allgemeinheit über. Und damit Geld, das nicht in Produktionsbetrieben arbeitet, nicht mit Umgehung der Maßnahmen der Wirtschaftsorganisation von Inhabern zurückbehalten werde, kann Umprägung oder Neudruck von Zeit zu Zeit stattfinden. Aus solchen Verhältnissen heraus wird sich allerdings auch ergeben, daß der Zinsbezug von einem Kapitale im Laufe der Jahre sich immer verringere. Das Geld wird

muß so sein, daß jeder Arbeitende für ein Erzeugnis so viel an Gegenwert erhält, als zur Befriedigung sämtlicher Bedürfnisse bei ihm und den zu ihm gehörenden Personen nötig ist, bis er ein Erzeugnis der gleichen Arbeit wieder hervorgebracht hat. Ein solches Preisverhältnis kann nicht durch amtliche Feststellung erfolgen, sondern es muß sich *als Resultat ergeben* aus dem lebendigen Zusammenwirken der im sozialen Organismus tätigen Assoziationen. Aber es *wird* sich einstellen, wenn das Zusammenwirken auf dem gesunden Zusammenwirken der drei Organisationsglieder beruht. Es muß mit derselben Sicherheit sich ergeben, wie eine haltbare Brücke sich ergeben muß, wenn sie nach rechten mathematischen und mechanischen Gesetzen erbaut ist. Man kann natürlich den naheliegenden Einwand machen, das soziale Leben folge nicht so seinen Gesetzen wie eine Brücke. Es wird aber niemand einen solchen Einwand machen, der zu erkennen vermag, wie in der Darstellung dieses Buches dem sozialen Leben eben *lebendige* und nicht mathematische Gesetze zugrunde liegend gedacht werden.

sich abnützen, wie sich Waren abnützen. Doch wird eine solche vom Staate zu treffende Maßnahme gerecht sein. «Zins auf Zins» wird es nicht geben können. Wer Ersparnisse macht, hat allerdings Leistungen vollbracht, die ihm auf spätere Waren-Gegenleistungen Anspruch machen lassen, wie gegenwärtige Leistungen auf den Eintausch gegenwärtiger Gegenleistungen; aber die Ansprüche können nur bis zu einer gewissen Grenze gehen; denn aus der Vergangenheit herrührende Ansprüche können nur durch Arbeitsleistungen der Gegenwart befriedigt werden. Solche Ansprüche dürfen nicht zu einem wirtschaftlichen Gewaltmittel werden. Durch die Verwirklichung solcher Voraussetzungen wird die *Währungsfrage* auf eine gesunde Grundlage gestellt. Denn gleichgültig wie aus andern Verhältnissen heraus die *Geldform* sich gestaltet: *Währung* wird die vernünftige Einrichtung des gesamten Wirtschaftsorganismus durch dessen Verwaltung. Die Währungsfrage wird niemals ein Staat in befriedigender Art durch *Gesetze* lösen; gegenwärtige Staaten werden sie nur lösen, wenn sie von ihrer Seite auf die Lösung verzichten und das Nötige dem von ihnen abzusondernden Wirtschaftsorganismus überlassen.

Man spricht viel von der modernen Arbeitsteilung, von deren Wirkung als Zeitersparnis, Warenvollkommenheit, Warenaustausch und so weiter; aber man berücksichtigt wenig, wie sie das Verhältnis des einzelnen Menschen zu seiner Arbeits*leistung* beeinflußt. Wer in einem auf Arbeitsteilung eingestellten sozialen Organismus arbeitet, der *erwirbt* eigentlich niemals sein Einkommen selbst, sondern er erwirbt es durch die Arbeit *aller* am sozialen Organismus Beteiligten. Ein Schneider, der sich zum Eigengebrauch einen

Rock macht, setzt diesen Rock zu sich nicht in dasselbe Verhältnis wie ein Mensch, der in primitiven Zuständen noch alles zu seinem Lebensunterhalte Notwendige selbst zu besorgen hat. Er macht sich den Rock, um für andere Kleider machen zu können; und der *Wert* des Rockes für ihn hängt *ganz* von den Leistungen der andern ab. Der Rock ist eigentlich Produktionsmittel. Mancher wird sagen, das sei eine Begriffsspalterei. Sobald er auf die *Wertbildung* der Waren im Wirtschaftskreislauf sieht, wird er diese Meinung nicht mehr haben können. Dann wird er sehen, daß man in einem Wirtschaftsorganismus, der auf Arbeitsteilung beruht, gar nicht für sich arbeiten kann. Man kann nur für andere arbeiten, und andere für sich arbeiten lassen. Man kann ebensowenig für sich arbeiten, wie man sich selbst aufessen kann. Aber man kann Einrichtungen herstellen, welche dem Wesen der Arbeitsteilung widersprechen. Das geschieht, wenn die Gütererzeugung nur darauf eingestellt wird, dem einzelnen Menschen als Eigentum zu überliefern, was er doch nur durch seine Stellung im sozialen Organismus als Leistung erzeugen kann. Die Arbeitsteilung drängt den sozialen Organismus dazu, daß der einzelne Mensch in ihm lebt nach den Verhältnissen des Gesamtorganismus; sie schließt *wirtschaftlich* den Egoismus aus. Ist dann dieser Egoismus doch vorhanden in Form von Klassenvorrechten und dergleichen, so entsteht ein sozial unhaltbarer Zustand, der zu Erschütterungen des sozialen Organismus führt. In solchen Zuständen leben wir gegenwärtig. Es mag manchen geben, der nichts davon hält, wenn man fordert, die Rechtsverhältnisse und anderes müssen sich nach dem egoismusfreien Schaffen der Arbeitsteilung richten. Ein solcher möge dann nur aus seinen Voraussetzungen die Konsequenz ziehen. Diese wäre: man könne überhaupt nichts tun; die soziale Bewegung könne zu nichts führen. Man kann in bezug auf diese Bewegung allerdings Ersprießliches nicht tun, wenn man *der Wirklichkeit* nicht ihr Recht geben will. Die Denkungsart, aus der die hier gegebene Darstellung heraus geschrieben ist, will, was der Mensch innerhalb des sozialen Organismus zu tun hat, nach dem einrichten, was aus den Lebensbedingungen dieses Organismus folgt.

Wer seine Begriffe nur nach den eingewöhnten Einrichtungen bilden kann, der wird ängstlich werden, wenn er davon vernimmt, daß das Verhältnis des Arbeitsleiters zu dem Arbeiter losgelöst werden solle von dem Wirtschaftsorganismus. Denn er wird glauben, daß eine solche Loslösung notwendig zur Geldentwertung und zur Rückkehr in primitive Wirtschaftsverhältnisse führe. (Dr. Rathenau äußert in seiner Schrift «Nach der Flut» solche Meinungen, die von *seinem* Standpunkt aus berechtigt erscheinen.) Aber dieser Gefahr wird durch die Dreigliederung des sozialen Organismus entgegengearbeitet. Der auf sich selbst gestellte Wirtschaftsorganismus im Verein mit dem Rechtsorganismus sondert die Geldverhältnisse ganz ab von den auf das Recht gestellten Arbeitsverhältnissen. Die Rechtsverhältnisse werden nicht unmittelbar auf die Geldverhältnisse einen Einfluß haben können. Denn die letzteren sind Ergebnis der Verwaltung des Wirtschaftsorganismus. Das Rechtsverhältnis zwischen Arbeitsleiter und Arbeiter wird einseitig gar nicht in dem Geldwert zum Ausdruck kommen können, denn dieser ist nach Beseitigung des Lohnes, der ein Tauschverhältnis von Ware und Arbeitskraft darstellt, lediglich der Maßstab für den gegenseitigen

Wert der Waren (und Leistungen). – Aus der Betrachtung der *Wirkungen*, welche die Dreigliederung für den sozialen Organismus hat, muß man die Überzeugung gewinnen, daß sie zu Einrichtungen führen werde, die in den bisherigen Staatsformen nicht vorhanden sind.

Und innerhalb dieser Einrichtungen wird dasjenige ausgetilgt werden können, was gegenwärtig als *Klassenkampf* empfunden wird. Denn dieser Kampf beruht auf der Einspannung des Arbeitslohnes in den Wirtschaftskreislauf. Diese Schrift stellt eine Form des sozialen Organismus dar, in dem der Begriff des *Arbeitslohnes* ebenso eine Umformung erfährt wie der alte *Eigentumsbegriff*. Aber durch diese Umformung wird ein *lebensfähiger* sozialer Zusammenhang der Menschen geschaffen. – Nur eine leichtfertige Beurteilung wird finden können, daß mit der Verwirklichung des hier Dargestellten nichts weiter getan sei, als daß der Arbeitszeitlohn in Stücklohn verwandelt werde. Mag sein, daß eine einseitige Ansicht von der Sache zu diesem Urteil führt. Aber *hier* ist diese einseitige Ansicht nicht als die rechte geschildert, sondern es ist die Ablösung des Entlohnungsverhältnisses durch das vertragsgemäße Teilungsverhältnis in bezug auf das von Arbeitsleiter und Arbeiter gemeinsam Geleistete *in Verbindung mit der gesamten Einrichtung des sozialen Organismus* ins Auge gefaßt. Wem der dem Arbeiter zukommende Teil des Leistungserträgnisses als Stücklohn erscheint, der wird nicht gewahr, daß *dieser* «Stücklohn» (der aber eigentlich kein «Lohn» ist) sich im *Werte* des Geleisteten in einer Art zum Ausdruck bringt, welche die gesellschaftliche Lebenslage des Arbeiters zu andern Mitgliedern des sozialen Organismus in ein ganz anderes Verhältnis bringt, als dasjenige ist, das aus der einseitig wirtschaftlich bedingten Klassenherrschaft entstanden ist. Die Forderung nach Austilgung des Klassenkampfes wird damit befriedigt. – Und wer sich zu der namentlich auch in sozialistischen Kreisen zu hörenden Meinung bekennt: die *Entwickelung* selbst müsse die Lösung der sozialen Frage bringen, man könne nicht Ansichten aufstellen, die verwirklicht werden sollen; dem muß erwidert werden: Gewiß wird die Entwickelung das Notwendige bringen müssen; aber in dem sozialen Organismus sind die Ideenimpulse des Menschen *Wirklichkeiten*. Und wenn die Zeit ein wenig vorgeschritten sein wird und das *verwirklicht* sein wird, was heute nur gedacht werden kann: dann wird eben dieses Verwirklichte in der Entwickelung drinnen sein. Und diejenigen, welche «nur von der Entwickelung» und nicht von der Erbringung fruchtbarer Ideen etwas halten, werden sich Zeit lassen müssen mit ihrem Urteil bis dahin, wo, was heute gedacht wird, Entwickelung sein wird. Doch wird es eben dann *zu spät* sein zum Vollbringen gewisser Dinge, die von den *heutigen* Tatsachen schon gefordert werden. Im sozialen Organismus ist es nicht möglich, die Entwickelung *objektiv* zu betrachten wie in der Natur. Man muß die Entwickelung *bewirken*. Deshalb ist es für ein gesundes soziales Denken verhängnisvoll, daß ihm gegenwärtig Ansichten gegenüberstehen, die, was sozial notwendig ist, so «beweisen» wollen, wie man in der Naturwissenschaft «beweist». Ein «Beweis» in sozialer Lebensauffassung kann sich nur dem ergeben, der in seine Anschauung *das* aufnehmen kann, was nicht nur im *Bestehenden* liegt, sondern *dasjenige*, was in den Menschenimpulsen – von ihnen oft unbemerkt – keimhaft ist und sich verwirklichen will.

Eine derjenigen Wirkungen, durch welche die Dreigliederung des sozialen Organismus ihre Begründung im Wesenhaften des menschlichen Gesellschaftslebens zu erweisen haben wird, ist die Loslösung der richterlichen Tätigkeit von den staatlichen Einrichtungen. Den letzteren wird es obliegen, die Rechte festzulegen, welche zwischen Menschen oder Menschengruppen zu bestehen haben. Die Urteilsfindungen selbst aber liegen in Einrichtungen, die aus der geistigen Organisation heraus gebildet sind. Diese Urteilsfindung ist in hohem Maße abhängig von der Möglichkeit, daß der Richtende Sinn und Verständnis habe für die individuelle Lage eines zu Richtenden. Solcher Sinn und solches Verständnis werden nur vorhanden sein, wenn dieselben Vertrauensbande, durch welche die Menschen zu den Einrichtungen der geistigen Organisation sich hingezogen fühlen, auch maßgebend sind für die Einsetzung der Gerichte. Es ist möglich, daß die Verwaltung der geistigen Organisation die Richter aufstellt, die aus den verschiedensten geistigen Berufsklassen heraus genommen sein können, und die auch nach Ablauf einer gewissen Zeit wieder in ihre eigenen Berufe zurückkehren. In gewissen Grenzen hat dann jeder Mensch die Möglichkeit, sich die Persönlichkeit unter den Aufgestellten für fünf oder zehn Jahre zu wählen, zu der er so viel Vertrauen hat, daß er in dieser Zeit, wenn es dazu kommt, von ihr die Entscheidung in einem privaten oder strafrechtlichen Fall entgegennehmen will. Im Umkreis des Wohnortes jedes Menschen werden dann immer so viele Richtende sein, daß diese Wahl eine Bedeutung haben wird. Ein Kläger hat sich dann stets an den für einen Angeklagten zuständigen Richter zu wenden. – Man bedenke, was eine solche Einrichtung in den österreichisch-ungarischen Gegenden für eine einschneidende Bedeutung gehabt hätte. In gemischtsprachigen Gegenden hätte der Angehörige einer jeden Nationalität sich einen Richter seines Volkes erwählen können. Wer die österreichischen Verhältnisse kennt, der kann auch wissen, wieviel zum Ausgleich im Leben der Nationalitäten eine solche Einrichtung hätte beitragen können. – Aber außer der Nationalität gibt es weite Lebensgebiete, für deren gesunde Entfaltung eine solche Einrichtung im gedeihlichen Sinne wirken kann. – Für die engere Gesetzeskenntnis werden den in der geschilderten Art bestellten Richtern und Gerichtshöfen Beamte zur Seite stehen, deren Wahl auch von der Verwaltung des geistigen Organismus zu vollziehen ist, die aber nicht selbst zu richten haben. Ebenso werden Appellationsgerichte aus dieser Verwaltung heraus zu bilden sein. Es wird im Wesen desjenigen Lebens liegen, das sich durch die Verwirklichung solcher Voraussetzungen abspielt, daß ein Richter den Lebensgewohnheiten und der Empfindungsart der zu Richtenden nahestehen kann, daß er durch sein außerhalb des Richteramtes – dem er nur eine Zeitlang vorstehen wird – liegendes Leben mit den Lebenskreisen der zu Richtenden vertraut wird. Wie der gesunde soziale Organismus überall in seinen Einrichtungen das soziale Verständnis der an seinem Leben beteiligten Personen heranziehen wird, so auch bei der richterlichen Tätigkeit. Die Urteilsvollstreckung fällt dem Rechtsstaate zu.

Die Einrichtungen, die sich durch die Verwirklichung des hier Dargestellten für andere Lebensgebiete als die angegebenen notwendig machen, brauchen vorläufig hier wohl nicht geschildert zu werden. Diese Schilderung würde

selbstverständlich einen nicht zu begrenzenden Raum einnehmen.

Die dargestellten einzelnen Lebenseinrichtungen werden
gezeigt haben, daß es der zugrunde liegenden Denkungsart
sich *nicht*, wie mancher meinen könnte – und wie tatsächlich
geglaubt wurde, als ich hier und dort das Dargestellte
mündlich vorgetragen habe –, um eine Erneuerung der drei
Stände, Nähr-, Wehr- und Lehrstand handelt. Das Gegenteil dieser Ständegliederung wird angestrebt. Die Menschen
werden weder in Klassen noch in Stände *sozial* eingegliedert
sein, sondern der soziale Organismus selbst wird gegliedert
sein. Der Mensch aber wird gerade dadurch wahrhaft
Mensch sein können. Denn die Gliederung wird eine solche
sein, daß er mit seinem Leben in jedem der drei Glieder
wurzeln wird. In dem Gliede des sozialen Organismus, in
dem er durch den Beruf drinnen steht, wird er mit sach-
lichem Interesse stehen; und zu den andern wird er lebensvolle Beziehungen haben, denn deren Einrichtungen werden
zu ihm in einem Verhältnisse stehen, das solche Beziehungen
herausfordert. Dreigeteilt wird der vom Menschen ab-
gesonderte, seinen Lebensboden bildende soziale Organismus sein; jeder Mensch als solcher wird ein Verbindendes
der drei Glieder sein.

INTERNATIONALE BEZIEHUNGEN
DER SOZIALEN ORGANISMEN

Die innere Gliederung des gesunden sozialen Organismus macht auch die internationalen Beziehungen dreigliedrig. Jedes der drei Gebiete wird sein selbständiges Verhältnis zu den entsprechenden Gebieten der andern sozialen Organismen haben. Wirtschaftliche Beziehungen des einen Landesgebietes werden zu ebensolchen eines andern entstehen, ohne daß die Beziehungen der Rechtsstaaten darauf einen unmittelbaren Einfluß haben*. Und umgekehrt, die Verhältnisse der Rechtsstaaten werden sich innerhalb gewisser Grenzen in völliger Unabhängigkeit von den wirtschaftlichen Beziehungen ausbilden. Durch diese Unabhängigkeit im *Entstehen* der Beziehungen werden diese in Konfliktfällen ausgleichend aufeinander wirken können. Interessenzusammenhänge der einzelnen sozialen Organismen werden sich ergeben, welche die Landesgrenzen als unbeträchtlich für das Zusammenleben der Menschen erscheinen lassen werden. – Die geistigen Organisationen der einzelnen Landesgebiete werden zueinander in Beziehungen

---

* Wer dagegen einwendet, daß die Rechts- und Wirtschaftsverhältnisse doch in Wirklichkeit ein Ganzes bilden und nicht voneinander getrennt werden können, der beachtet nicht, worauf es bei der hier gemeinten Gliederung ankommt. Im *gesamten* Verkehrsprozeß wirken die beiderlei Verhältnisse selbstverständlich als Ganzes. Aber es ist etwas anderes, ob man Rechte aus den wirtschaftlichen Bedürfnissen heraus gestaltet; oder ob man sie aus den elementaren Rechtsempfindungen heraus gestaltet und, was daraus entsteht, mit dem Wirtschaftsverkehr zusammenwirken läßt.

treten können, die *nur* aus dem gemeinsamen Geistesleben der Menschheit selbst sich ergeben. Das vom Staate unabhängige, auf sich gestellte Geistesleben wird Verhältnisse ausbilden, die dann unmöglich sind, wenn die Anerkennung der geistigen Leistungen nicht von der Verwaltung eines geistigen Organismus, sondern vom Rechtsstaate abhängt. In dieser Beziehung herrscht auch kein Unterschied zwischen den Leistungen der ganz offenbar internationalen Wissenschaft und denjenigen anderer geistiger Gebiete. Ein geistiges Gebiet stellt ja auch die einem Volke eigene Sprache dar und alles, was sich in unmittelbarem Zusammenhange mit der Sprache ergibt. Das Volksbewußtsein selbst gehört in dieses Gebiet. Die Menschen eines Sprachgebietes kommen mit denen eines andern nicht in unnatürliche Konflikte, wenn sie sich nicht zur Geltendmachung ihrer Volkskultur der staatlichen Organisation oder der wirtschaftlichen Gewalt bedienen wollen. Hat eine Volkskultur gegenüber einer andern eine größere Ausbreitungsfähigkeit und geistige Fruchtbarkeit, so wird die Ausbreitung eine gerechtfertigte sein, und sie wird sich friedlich vollziehen, wenn sie nur durch die Einrichtungen zustande kommt, die von den geistigen Organismen abhängig sind.

Gegenwärtig wird der Dreigliederung des sozialen Organismus noch der schärfste Widerstand von seiten derjenigen Menschheitszusammenhänge erwachsen, die aus den Gemeinsamkeiten der Sprachen und Volkskulturen sich entwickelt haben. Dieser Widerstand wird sich brechen müssen an dem Ziel, das sich aus den Lebensnotwendigkeiten der neueren Zeit die Menschheit als Ganzes immer bewußter wird setzen müssen. Diese Menschheit wird empfinden, daß ein jeder ihrer Teile zu einem wahrhaft menschenwürdigen

Dasein nur kommen kann, wenn er sich lebenskräftig mit allen anderen Teilen verbindet. Volkszusammenhänge sind neben anderen naturgemäßen Impulsen die Ursachen, durch die sich Rechts- und Wirtschaftsgemeinsamkeiten geschichtlich gebildet haben. Aber die Kräfte, durch welche die Volkstümer wachsen, müssen sich in einer Wechselwirkung entfalten, die nicht gehemmt ist durch die Beziehungen, welche die Staatskörper und Wirtschaftsgenossenschaften zueinander entwickeln. Das wird erreicht, wenn die Volksgemeinschaften die innere Dreigliederung ihrer sozialen Organismen so durchführen, daß jedes der Glieder seine selbständigen Beziehungen zu anderen sozialen Organismen entfalten kann.

Dadurch bilden sich *vielgestaltige* Zusammenhänge zwischen Völkern, Staaten und Wirtschaftskörpern, die jeden Teil der Menschheit mit anderen Teilen so verbinden, daß der eine in seinen eigenen Interessen das Leben der andern mitempfindet. Ein Völkerbund *entsteht* aus wirklichkeitsgemäßen Grundimpulsen heraus. Er wird nicht aus einseitigen Rechtsanschauungen «eingesetzt» werden müssen*.

Von besonderer Bedeutung muß einem wirklichkeitsgemäßen Denken erscheinen, daß die hier dargestellten Ziele eines sozialen Organismus zwar ihre Geltung haben für die gesamte Menschheit, daß sie aber von *jedem einzelnen* sozialen Organismus verwirklicht werden können, gleichgültig, wie sich andere Länder zu dieser Verwirk-

---

* Wer in solchen Dingen «Utopien» sieht, der beachtet nicht, daß *in Wahrheit* die Wirklichkeit des Lebens nach diesem von ihm für utopistisch gehaltenen Einrichtungen hinstrebt, und daß die Schäden dieser Wirklichkeit gerade davon kommen, daß diese Einrichtungen nicht da sind.

lichung vorläufig verhalten. Gliedert sich ein sozialer Organismus in die naturgemäßen drei Gebiete, so können die Vertretungen derselben als einheitliche Körperschaft mit anderen in internationale Beziehungen treten, auch wenn diese anderen für sich die Gliederung noch nicht vorgenommen haben. Wer mit dieser Gliederung vorangeht, der wird für ein gemeinschaftliches Menschheitsziel wirken. Was getan werden soll, wird sich durchsetzen viel mehr durch die Kraft, welche ein in wirklichen Menschheitsimpulsen wurzelndes Ziel *im Leben* erweist, als durch eine Feststellung auf Kongressen und aus Verabredungen heraus. Auf einer Wirklichkeitsgrundlage ist dieses Ziel *gedacht;* im wirklichen Leben, an jedem Punkte der Menschengemeinschaften läßt es sich erstreben.

Wer in den letzten Jahrzehnten die Vorgänge im Leben der Völker und Staaten von einem Gesichtspunkte aus verfolgte, wie derjenige dieser Darstellung ist, der konnte wahrnehmen, wie die geschichtlich gewordenen Staatengebilde mit ihrer Zusammenfassung von Geistes-, Rechts- und Wirtschaftsleben sich in internationale Beziehungen brachten, die zu einer Katastrophe drängten. Ebenso aber konnte ein solcher auch sehen, wie die Gegenkräfte aus unbewußten Menschheitsimpulsen heraus zur Dreigliederung wiesen. Diese wird das Heilmittel gegen die Erschütterungen sein, welche der Einheitsfanatismus bewirkt hat. Aber das Leben der «maßgebenden Menschheitsleiter» war nicht darauf eingestellt, zu sehen, was sich seit langem vorbereitete. Im Frühling und Frühsommer 1914 konnte man noch «Staatsmänner» davon sprechen hören, daß der Friede Europas dank der Bemühungen der Regierungen nach menschlicher Voraussicht gesichert sei. Diese «Staatsmänner» hatten eben keine Ahnung davon, daß, was sie taten und redeten, mit dem Gang der wirklichen Ereignisse nichts mehr zu tun hatte. Aber sie galten als die «Praktiker». Und als «Schwärmer» galt damals wohl, wer entgegen den Anschauungen der «Staatsmänner» Anschauungen durch die letzten Jahrzehnte hindurch sich ausbildete, wie sie der Schreiber dieser Ausführungen monatelang vor der Kriegskatastrophe zuletzt in Wien vor einem kleinen Zuhörerkreise aussprach (vor einem größeren wäre er wohl verlacht worden). Er sagte über das, was drohte, ungefähr das Folgende: Die in der Gegenwart herrschenden Lebenstendenzen werden immer stärker werden, bis sie sich zuletzt in sich selber vernichten werden. Da schaut derjenige, der das soziale Leben geistig durchblickt, wie überall furchtbare Anlagen zu sozialen Geschwürbildungen aufsprossen. Das ist die große Kultursorge, die auftritt für denjenigen, der das Dasein durchschaut. Das ist das Furchtbare, was so bedrückend wirkt und was selbst dann, wenn man allen Enthusiasmus sonst für das Erkennen der Lebensvorgänge durch die Mittel einer geisterkennenden Wissenschaft unterdrücken könnte, einen dazu bringen müßte, von dem Heilmittel so zu sprechen, daß man Worte darüber der Welt gleichsam *entgegenschreien* möchte. Wenn der soziale Organismus sich so weiter entwickelt, wie er es bisher getan hat, dann entstehen Schäden der Kultur, die für diesen Organismus dasselbe sind, was *Krebsbildungen* im menschlichen natürlichen Organismus sind. Aber die Lebensanschauung herrschender Kreise bildete auf diesem Untergrunde des Lebens, den sie nicht sehen konnte und wollte, Impulse aus, die zu Maßnahmen führten, die hätten unterbleiben sollen und zu keinen solchen, die geeignet waren, Vertrauen der verschiedenen Menschengemeinschaften zueinander zu begründen. – Wer glaubt, daß unter den unmittelbaren Ursachen der gegenwärtigen Weltkatastrophe die sozialen Lebensnotwendigkeiten keine Rolle gespielt haben, der sollte sich überlegen, was aus den politischen Impulsen der in den Krieg drängenden Staaten dann geworden wäre, wenn die «Staatsmänner» in den Inhalt ihres Wollens diese sozialen Notwendigkeiten aufgenommen hätten. Und was unterblieben wäre, wenn man durch solchen Willensinhalt etwas anderes zu tun gehabt hätte als die Zündstoffe zu schaffen, die dann die Explosion bringen mußten. Wenn man in den letzten Jahrzehnten das schleichende Krebs-Erkranken in den Staatenbeziehungen als Folge des sozialen Lebens der führenden Teile der Menschheit ins Auge faßte, so konnte man verstehen, wie eine in allgemeinen menschlichen Geistesinteressen stehende Persönlichkeit angesichts des Ausdruckes, welchen das soziale Wollen in diesen führenden Teilen annahm, schon 1888 sagen mußte: «Das Ziel ist: die gesamte Menschheit in ihrer letzten Gestaltung zu einem Reiche von Brüdern zu machen, die, nur den edelsten Beweggründen nachgehend, gemeinsam sich weiter bewegen. Wer die Geschichte nur auf der Karte von Europa verfolgt, könnte glauben, ein gegenseitiger allgemeiner Mord müsse unsere nächste Zukunft erfüllen», aber nur der Gedanke, daß ein «Weg zu den wahren Gütern des menschlichen Lebens» gefunden werden müsse, kann den Sinn für Menschenwürde aufrechterhalten. Und dieser Gedanke ist ein solcher, «der mit unsern ungeheuern kriegerischen Rüstungen und denen unserer Nachbarn nicht im Einklange zu stehen scheint, an den ich aber glaube, und der uns erleuchten muß, wenn es nicht überhaupt besser sein sollte, das menschliche Leben durch einen Gemeinbeschluß abzuschaffen und einen offiziellen Tag des Selbstmordes anzuberaumen.» (So Herman Grimm 1888 auf S. 46 seines Buches: «Fünfzehn Essays. Vierte Folge. Aus den letzten fünf Jahren».) Was waren die «kriegerischen Rüstungen» anderes als Maß- nahmen solcher Menschen, welche Staatsgebilde in einer Einheitsform aufrechterhalten wollten, trotzdem diese Form durch die Entwickelung der neuen Zeit dem Wesen eines gesunden Zusammenlebens der Völker widersprechend ge- worden ist? Ein solches gesundes Zusammenleben aber könnte bewirkt werden durch denjenigen sozialen Orga- nismus, welcher aus den Lebensnotwendigkeiten der neueren Zeit heraus gestaltet ist.

Das österreichisch-ungarische Staatsgebilde drängte seit mehr als einem halben Jahrhundert nach einer Neugestal- tung. Sein geistiges Leben, das in einer Vielheit von Völker- gemeinschaften wurzelte, verlangte nach einer Form, für deren Entwickelung der aus veralteten Impulsen gebildete Einheitsstaat ein Hemmnis war. Der serbisch-österreichische Konflikt, der am Ausgangspunkte der Weltkriegskata- strophe steht, ist das vollgültigste Zeugnis dafür, daß die politischen Grenzen dieses Einheitsstaates von einem gewissen Zeitpunkte an keine Kulturgrenzen sein durften für das Völkerleben. Wäre eine Möglichkeit vorhanden gewesen, daß das auf sich selbst gestellte, von dem poli- tischen Staate und seinen Grenzen unabhängige Geistes- leben sich über diese Grenzen hinüber in einer Art hätte entwickeln können, die mit den Zielen der Völker im Einklange gewesen wäre, dann hätte der im Geistesleben verwurzelte Konflikt sich nicht in einer politischen Kata- strophe entladen müssen. Eine dahin zielende Entwickelung erschien allen, die in Österreich-Ungarn sich einbildeten, «staatsmännisch» zu denken, als eine volle Unmöglichkeit, wohl gar als der reine Unsinn. Deren Denkgewohnheiten ließen nichts anderes zu als die Vorstellung, daß die Staatsgrenzen mit den Grenzen der nationalen Gemeinsamkeiten zusammenfallen. Verstehen, daß über die Staatsgrenzen hinweg sich geistige Organisationen bilden können, die das Schulwesen, die andere Zweige des Geisteslebens umfassen, das war diesen Denkgewohnheiten zuwider. Und dennoch: dieses «Undenkbare» ist die Forderung der neueren Zeit für das internationale Leben. Der praktisch Denkende darf nicht an dem scheinbar Unmöglichen hängen bleiben und glauben, daß Einrichtungen im Sinne dieser Forderung auf unüberwindliche Schwierigkeiten stoßen; sondern er muß sein Bestreben gerade darauf richten, diese Schwierigkeiten zu überwinden. Statt das «staatsmännische» Denken in eine Richtung zu bringen, welche den neuzeitlichen Forderungen entsprochen hätte, war man bestrebt, Einrichtungen zu bilden, welche den Einheitsstaat gegen diese Forderungen aufrechterhalten sollten. Dieser Staat wurde dadurch immer mehr zu einem unmöglichen Gebilde. Und im zweiten Jahrzehnt des zwanzigsten Jahrhunderts stand er davor, für seine Selbsterhaltung in der alten Form nichts mehr tun zu können und die Auflösung zu erwarten, oder das innerlich Unmögliche äußerlich durch die Gewalt aufrechtzuerhalten, die sich auf die Maßnahmen des Krieges begründen ließ. Es gab 1914 für die österreichisch-ungarischen «Staatsmänner» nichts anderes als dieses: Entweder sie mußten ihre Intentionen in die Richtung der Lebensbedingungen des gesunden sozialen Organismus lenken und dies der Welt als ihren Willen, der ein neues Vertrauen hätte erwecken können, mitteilen, oder sie *mußten* einen Krieg entfesseln zur Aufrechterhaltung des Alten. Nur wer aus diesen Untergründen heraus beurteilt, was 1914 geschehen ist, wird über die Schuldfrage gerecht denken können. Durch die Teilnahme vieler Völkerschaften an dem österreichisch-ungarischen Staatsgebilde wäre diesem die weltgeschichtliche Aufgabe gestellt gewesen, den gesunden sozialen Organismus vor allem zu entwickeln. Man hat diese Aufgabe nicht erkannt. Diese Sünde wider den Geist des weltgeschichtlichen Werdens hat Österreich-Ungarn in den Krieg getrieben.

Und das Deutsche Reich? Es ist gegründet worden in einer Zeit, in der die neuzeitlichen Forderungen nach dem gesunden sozialen Organismus ihrer Verwirklichung zu-strebten. Diese Verwirklichung hätte dem Reiche seine weltgeschichtliche Daseinsberechtigung geben können. Die sozialen Impulse schlossen sich in diesem mitteleuropäischen Reiche wie in dem Gebiete zusammen, das für ihr Ausleben weltgeschichtlich vorbestimmt erscheinen konnte. Das soziale Denken, es trat an vielen Orten auf; im Deutschen Reiche nahm es eine besondere Gestalt an, aus der zu ersehen war, wohin es drängte. Das hätte zu einem Arbeits-Inhalt für dieses Reich führen müssen. Das hätte seinen Verwaltern die Aufgaben stellen müssen. Es hätte die Berechtigung dieses Reiches im modernen Völkerzusammenleben erweisen können, wenn man dem neugegründeten Reiche einen Arbeits-Inhalt gegeben hätte, der von den Kräften der Geschichte selbst gefordert gewesen wäre. Statt mit dieser Aufgabe sich ins Große zu wenden, blieb man bei «sozialen Reformen» stehen, die aus den Forderungen des Tages sich ergaben, und war froh, wenn man im Auslande die Mustergültigkeit *dieser* Reformen bewunderte. Man kam daneben immer mehr dazu, die äußere Welt-Machtstellung des Reiches auf Formen gründen zu wollen, die aus den ausgelebtesten Arten des Vorstellens über die Macht und den Glanz der Staaten heraus gebildet waren. Man gestaltete ein Reich, das ebenso wie das österreichisch-ungarische Staatsgebilde dem widersprach, was in den Kräften des Völkerlebens der neueren Zeit sich geschichtlich ankündigte. Von diesen Kräften sahen die Verwalter dieses Reiches nichts. *Das* Staatsgebilde, das *sie* im Auge hatten, konnte nur auf der Kraft des Militärischen ruhen. Dasjenige, das von der neueren Geschichte gefordert ist, hätte auf der Verwirklichung der Impulse für den gesunden sozialen Organismus ruhen müssen. Mit *dieser* Verwirklichung hätte man sich in die Gemeinsamkeit des modernen Völkerlebens anders hineingestellt, als man 1914 in ihr stand. Durch ihr Nicht-Verstehen der neuzeitlichen Forderungen des Völkerlebens war 1914 die deutsche Politik an dem Nullpunkte ihrer Betätigungsmöglichkeit angelangt. Sie hatte in den letzten Jahrzehnten nichts bemerkt von dem, was hätte geschehen sollen; sie hatte sich beschäftigt mit allem Möglichen, was in den neuzeitlichen Entwickelungskräften nicht lag und was durch seine Inhaltlosigkeit «wie ein Kartengebäude zusammenbrechen» *mußte*.

Von dem, was sich in dieser Art als das tragische Schicksal des Deutschen Reiches aus dem geschichtlichen Verlauf heraus ergab, würde ein getreues Spiegelbild entstehen, wenn man sich herbeiließe, die Vorgänge innerhalb der maßgebenden Orte in Berlin Ende Juli und 1. August 1914 zu prüfen und vor die Welt getreulich hinzustellen. Von diesen Vorgängen weiß das In- und Ausland noch wenig.

Wer sie kennt, der weiß, wie die deutsche Politik damals sich als die eines Kartenhauses verhielt, und wie durch ihr Ankommen im Nullpunkt ihrer Betätigung alle Entscheidung, ob und wie der Krieg zu beginnen war, in das Urteil der militärischen Verwaltung übergehen *mußte*. Wer maßgebend in dieser Verwaltung war, konnte damals aus den militärischen Gesichtspunkten heraus *nicht anders handeln, als gehandelt worden ist,* weil von *diesen* Gesichtspunkten die Situation nur so gesehen werden konnte, wie sie gesehen worden ist. Denn außer dem militärischen Gebiet hatte man sich in eine Lage gebracht, die zu einem Handeln gar nicht mehr führen konnte. Alles dieses würde sich als eine weltgeschichtliche Tatsache ergeben, wenn jemand sich fände, der darauf dringt, die Vorgänge in Berlin von Ende Juli und 1. August, namentlich alles das, was sich am 1. August und 31. Juli zutrug, an das Tageslicht zu bringen. Man gibt sich noch immer der Illusion hin, durch die Einsicht in diese Vorgänge könne man doch nichts gewinnen, wenn man die vorbereitenden Ereignisse aus der früheren Zeit kennt. Will man über das reden, was man gegenwärtig die «Schuldfrage» nennt, so darf man diese Einsicht nicht meiden. Gewiß kann man auch durch anderes über die längst vorher vorhandenen Ursachen wissen; aber diese Einsicht zeigt, *wie* diese Ursachen gewirkt haben.

Die Vorstellungen, die Deutschlands Führer damals in den Krieg getrieben haben, sie wirkten dann verhängnisvoll fort. Sie wurden Volksstimmung. Und sie verhinderten, daß während der letzten Schreckensjahre *die* Einsicht bei den Machthabern sich durch die bitteren Erfahrungen entwickelte, deren Nichtvorhandensein vorher in die Tragik hineingetrieben hatte. Auf die mögliche Empfänglichkeit, die sich aus diesen Erfahrungen heraus hätte ergeben können, wollte der Schreiber dieser Ausführungen bauen, als er sich bemühte, innerhalb Deutschlands und Österreichs in dem Zeitpunkte der Kriegskatastrophe, der ihm der geeignete erschien, die Ideen von dem gesunden sozialen Organismus und deren Konsequenzen für das politische Verhalten nach außen an Persönlichkeiten heranzubringen, deren Einfluß damals noch sich hätte für eine Geltendmachung dieser Impulse betätigen können. Persönlichkeiten, welche es mit dem Schicksal des deutschen Volkes ehrlich meinten, beteiligten sich daran, einen solchen Zugang für diese Ideen zu gewinnen. Man sprach vergebens. Die Denkgewohnheiten sträubten sich gegen solche Impulse, welche dem *nur* militärisch orientierten Vorstellungsleben als etwas erschienen, mit dem man nichts Rechtes anfangen könne. Höchstens daß man fand, «Trennung der Kirche von der Schule», ja, das wäre etwas. In solcher Bahn liefen eben die Gedanken der «staatsmännisch» Denkenden schon seit lange, und in eine Richtung, die zu Durchgreifendem führen sollte, ließen sie sich nicht bringen. Wohlwollende sprachen davon, ich solle diese Gedanken «veröffentlichen». Das war in jenem Zeitpunkte wohl der unzweckmäßigste Rat. Was konnte es helfen, wenn auf dem Gebiete der «Literatur» unter manchem andern auch von diesen Impulsen gesprochen worden wäre; von einem Privatmanne. In der Natur dieser Impulse liegt es doch, daß sie *damals* eine Bedeutung nur hätten erlangen können durch den Ort, von dem aus sie gesprochen worden wären. Die Völker Mitteleuropas hätten, wenn von der rechten Stelle im Sinne dieser Impulse gesprochen worden wäre, gesehen, daß es etwas geben kann, was ihrem mehr oder weniger bewußten Drang entsprochen hätte. Und die Völker des russischen Ostens hätten ganz gewiß in jenem Zeitpunkte Verständnis gehabt für eine Ablösung des Zarismus durch solche Impulse. Daß sie dies Verständnis gehabt hätten, kann nur der in Abrede stellen, der keine Empfindung hat für die Empfänglichkeit des noch unverbrauchten osteuropäischen Intellekts für gesunde soziale Ideen. Statt der Kundgebung im Sinne solcher Ideen kam Brest-Litowsk.

Daß militärisches Denken die Katastrophe Mittel- und Osteuropas nicht abwenden konnte, das vermochte sich nur eben dem – militärischen Denken zu verbergen. Daß man an die Unabwendbarkeit der Katastrophe nicht glauben wollte, das war die Ursache des Unglückes des deutschen Volkes. Niemand wollte einsehen, wie man an den Stellen, bei denen die Entscheidung lag, keinen Sinn hatte für weltgeschichtliche Notwendigkeiten. Wer von diesen Notwendigkeiten etwas wußte, dem war auch bekannt, wie die englischsprechenden Völker Persönlichkeiten in ihrer Mitte hatten, welche durchschauten, was in den Volkskräften Mittel- und Osteuropas sich regte. Man konnte wissen, wie solche Persönlichkeiten der Überzeugung waren, in Mittel- und Osteuropa bereite sich etwas vor, was in mächtigen sozialen Umwälzungen sich ausleben muß. In solchen Umwälzungen, von denen man glaubte, daß in den englisch sprechenden Gebieten für sie weder schon geschichtlich eine Notwendigkeit, noch eine Möglichkeit vorlag. Auf solches Denken richtete man die eigene Politik ein. In Mittel- und Osteuropa sah man das alles nicht, sondern orientierte die Politik so, daß sie «wie ein Kartengebäude zusammenstürzen» mußte. Nur eine Politik, die auf die Einsicht gebaut gewesen wäre, daß man in englisch sprechenden

Gebieten großzügig, und ganz selbstverständlich vom englischen Gesichtspunkte, mit historischen Notwendigkeiten rechnete, hätte Grund und Boden gehabt. Aber die Anregung zu solcher Politik wäre wohl besonders den «Diplomaten» als etwas höchst Überflüssiges erschienen.

Statt eine solche Politik, die zu Gedeihlichem hätte auch für Mittel- und Osteuropa vor dem Hereinbrechen der Weltkriegskatastrophe führen können trotz der Großzügigkeit der englisch orientierten Politik, zu treiben, fuhr man fort, in den eingefahrenen Diplomatengeleisen sich weiter zu bewegen. Und während der Kriegsschrecken lernte man aus bitteren Erfahrungen nicht, daß es notwendig geworden war, der Aufgabe, welche von Amerika aus in politischen Kundgebungen der Welt gestellt worden ist, von Europa aus eine andere entgegenzustellen, die aus den Lebenskräften dieses Europa heraus geboren war. Zwischen der Aufgabe, die aus amerikanischen Gesichtspunkten Wilson gestellt hatte, und derjenigen, die in den Donner der Kanonen als geistiger Impuls Europas hineingetönt hätte, wäre eine Verständigung möglich gewesen. Jedes andere Verständigungs-Gerede klang vor den geschichtlichen Notwendigkeiten hohl. – Aber der Sinn für ein Aufgaben-Stellen aus der Erfassung der im neueren Menschheitsleben liegenden Keime fehlte denen, die aus den Verhältnissen heraus an die Verwaltung des Deutschen Reiches herankamen. Und deshalb mußte der Herbst 1918 bringen, was er gebracht hat. Der Zusammenbruch der militärischen Gewalt wurde begleitet von einer geistigen Kapitulation. Statt wenigstens in dieser Zeit sich aufzuraffen zu einer aus europäischem Wollen heraus geholten Geltendmachung der geistigen Impulse des deutschen Volkes, kam die bloße

Unterwerfung unter die vierzehn Punkte Wilsons. Man stellte Wilson vor ein Deutschland, das von sich aus nichts zu sagen hatte. Wie auch Wilson über seine eigenen vierzehn Punkte denkt, er kann doch Deutschland nur in dem helfen, was es selbst will. Er mußte doch eine Kundgebung dieses Wollens *erwarten.* Zu der Nichtigkeit der Politik vom Anfange des Krieges kam die andere vom Oktober 1918; kam die furchtbare geistige Kapitulation, herbeigeführt von einem Manne, auf den viele in deutschen Landen so etwas wie eine letzte Hoffnung setzten.

Unglaube an die Einsicht aus geschichtlich wirkenden Kräften heraus; Abneigung, hinzusehen auf solche aus Erkenntnis geistiger Zusammenhänge sich ergebenden Impulse: das hat die Lage Mitteleuropas hervorgebracht. Jetzt ist durch die Tatsachen, die sich aus der Wirkung der Kriegskatastrophe ergeben haben, eine neue Lage geschaffen. Sie kann gekennzeichnet werden durch die Idee der sozialen Impulse der Menschheit, so wie diese Idee in dieser Schrift gemeint ist. Diese sozialen Impulse sprechen eine Sprache, der gegenüber die ganze zivilisierte Welt eine Aufgabe hat. Soll das Denken über dasjenige, was geschehen muß, heute gegenüber der sozialen Frage ebenso auf dem Nullpunkt angelangen, wie die mitteleuropäische Politik für ihre Aufgaben 1914 angekommen war? Landesgebiete, die sich von den damals in Frage kommenden Angelegenheiten abseits halten konnten: gegenüber der sozialen Bewegung dürfen sie es nicht. Gegenüber dieser Frage sollte es keine politischen Gegner, sollte es keine Neutralen geben; sollte es nur geben eine gemeinschaftlich wirkende Menschheit, welche geneigt ist, die Zeichen der Zeit zu vernehmen und ihr Handeln nach diesen Zeichen einzurichten.

Man wird aus den Intentionen, die in dieser Schrift vorgetragen sind, heraus verstehen, warum der in dem folgenden Kapitel wiedergegebene Aufruf an das deutsche
Volk und an die Kulturwelt von dem Schreiber dieser Ausführungen vor einiger Zeit verfaßt worden, und von einem
Komitee, das für ihn Verständnis gefaßt hat, der Welt, vor
allem den mitteleuropäischen Völkern mitgeteilt worden
ist. Gegenwärtig sind andere Verhältnisse als zu der Zeit,
in der sein Inhalt engeren Kreisen mitgeteilt worden ist.
Dazumal hätte ihn die öffentliche Mitteilung ganz notwendig zur «Literatur» gemacht. Heute muß die Öffentlichkeit ihm dasjenige bringen, was sie ihm vor kurzer Zeit
noch nicht hätte bringen können: verstehende Menschen,
die in seinem Sinne wirken wollen, wenn er des Verständnisses und der Verwirklichung wert ist. Denn was jetzt
entstehen soll, kann nur durch solche Menschen entstehen.

An das deutsche Volk und an die Kulturwelt!

Sicher gefügt für unbegrenzte Zeiten glaubte das deutsche
Volk seinen vor einem halben Jahrhundert aufgeführten
Reichsbau. Im August 1914 meinte es, die kriegerische
Katastrophe, an deren Beginn es sich gestellt sah, werde
diesen Bau als unbesieglich erweisen. Heute kann es nur auf
dessen Trümmer blicken. Selbstbesinnung muß nach solchem
Erlebnis eintreten. Denn dieses Erlebnis hat die Meinung
eines halben Jahrhunderts, hat insbesondere die herrschenden Gedanken der Kriegsjahre als einen tragisch wirkenden
Irrtum erwiesen. Wo liegen die Gründe dieses verhängnisvollen Irrtums? Diese Frage muß Selbstbesinnung in die
Seelen der Glieder des deutschen Volkes treiben. Ob jetzt
die Kraft zu solcher Selbstbesinnung vorhanden ist, davon
hängt die Lebensmöglichkeit des deutschen Volkes ab.
Dessen Zukunft hängt davon ab, ob es sich die Frage in
ernster Weise zu stellen vermag: wie bin ich in meinen Irrtum
verfallen? Stellt es sich diese Frage heute, dann wird ihm
die Erkenntnis aufleuchten, daß es vor einem halben Jahrhundert ein Reich gegründet, jedoch unterlassen hat, diesem
Reich eine aus dem Wesensinhalt der deutschen Volkheit
entspringende Aufgabe zu stellen. – Das Reich war gegründet. In den ersten Zeiten seines Bestandes war man
bemüht, seine inneren Lebensmöglichkeiten nach den Anforderungen, die sich durch alte Traditionen und neue
Bedürfnisse von Jahr zu Jahr zeigten, in Ordnung zu
bringen. Später ging man dazu über, die in materiellen
Kräften begründete äußere Machtstellung zu festigen und

zu vergrößern. Damit verband man Maßnahmen in bezug auf die von der neuen Zeit geborenen sozialen Anforderungen, die zwar manchem Rechnung trugen, was der Tag als Notwendigkeit erwies, denen aber doch ein großes Ziel fehlte, wie es sich hätte ergeben sollen aus einer Erkenntnis der Entwickelungskräfte, denen die neuere Menschheit sich zuwenden muß. So war das Reich in den Weltzusammenhang hineingestellt ohne wesenhafte, seinen Bestand rechtfertigende Zielsetzung. Der Verlauf der Kriegskatastrophe hat dieses in trauriger Weise geoffenbart. Bis zum Ausbruche derselben hatte die außerdeutsche Welt in dem Verhalten des Reiches nichts sehen können, was ihr die Meinung hätte erwecken können: die Verwalter dieses Reiches erfüllen eine weltgeschichtliche Sendung, die nicht hinweggefegt werden darf. Das Nichtfinden einer solchen Sendung durch diese Verwalter hat notwendig die Meinung in der außerdeutschen Welt erzeugt, die für den wirklich Einsichtigen der tiefere Grund des deutschen Niederbruches ist.

Unermeßlich vieles hängt nun für das deutsche Volk an seiner unbefangenen Beurteilung dieser Sachlage. Im Unglück müßte die Einsicht auftauchen, welche sich in den letzten fünfzig Jahren nicht hat zeigen wollen. An die Stelle des kleinen Denkens über die allernächsten Forderungen der Gegenwart müßte jetzt ein großer Zug der Lebensanschauung treten, welcher die Entwickelungskräfte der neueren Menschheit mit starken Gedanken zu erkennen strebt, und der mit mutigem Wollen sich ihnen widmet. Aufhören müßte der kleinliche Drang, der alle diejenigen als unpraktische Idealisten unschädlich macht, die ihren Blick auf diese Entwickelungskräfte richten. Aufhören müßte die Anmaßung und der Hochmut derer, die sich als

Praktiker dünken, und die doch durch ihren als Praxis maskierten engen Sinn das Unglück herbeigeführt haben. Berücksichtigt müßte werden, was die als Idealisten verschrieenen, aber in Wahrheit wirklichen Praktiker über die Entwickelungsbedürfnisse der neuen Zeit zu sagen haben.

Die «Praktiker» aller Richtungen sahen zwar das Heraufkommen ganz neuer Menschheitsforderungen seit langer Zeit. Aber sie wollten diesen Forderungen innerhalb des Rahmens altüberlieferter Denkgewohnheiten und Einrichtungen gerecht werden. Das Wirtschaftsleben der neueren Zeit hat die Forderungen hervorgebracht. Ihre Befriedigung auf dem Wege privater Initiative schien unmöglich. Überleitung des privaten Arbeitens in gesellschaftliches drängte sich der einen Menschenklasse *auf einzelnen Gebieten* als notwendig auf; und sie wurde verwirklicht da, wo es dieser Menschenklasse nach ihrer Lebensanschauung als ersprießlich erschien. Radikale Überführung *aller* Einzelarbeit in gesellschaftliche wurde das Ziel einer anderen Klasse, die durch die Entwickelung des neuen Wirtschaftslebens an der Erhaltung der überkommenen Privatziele kein Interesse hat.

Allen Bestrebungen, die bisher in Anbetracht der neueren Menschheitsforderungen hervorgetreten sind, liegt ein Gemeinsames zugrunde. Sie drängen nach Vergesellschaftung des Privaten und rechnen dabei auf die Übernahme des letzteren durch die Gemeinschaften (Staat, Kommune), die aus Voraussetzungen stammen, welche nichts mit den neuen Forderungen zu tun haben. Oder auch, man rechnet mit neueren Gemeinschaften (zum Beispiel Genossenschaften), die nicht voll im Sinne dieser neuen Forderungen entstanden sind, sondern die aus überlieferten Denkgewohnheiten heraus den alten Formen nachgebildet sind.

Die Wahrheit ist, daß keine im Sinne dieser alten Denkgewohnheiten gebildete Gemeinschaft aufnehmen kann, was man von ihr aufgenommen wissen will. Die Kräfte der Zeit drängen nach der Erkenntnis einer sozialen Struktur der Menschheit, die ganz anderes ins Auge faßt, als was heute gemeiniglich ins Auge gefaßt wird. Die sozialen Gemeinschaften haben sich bisher zum größten Teil aus den sozialen Instinkten der Menschheit gebildet. Ihre Kräfte mit vollem Bewußtsein zu durchdringen, wird Aufgabe der Zeit.

Der soziale Organismus ist gegliedert wie der natürliche. Und wie der natürliche Organismus das Denken durch den Kopf und nicht durch die Lunge besorgen muß, so ist dem sozialen Organismus die Gliederung in Systeme notwendig, von denen keines die Aufgabe des anderen übernehmen kann, jedes aber unter Wahrung seiner Selbständigkeit mit den anderen zusammenwirken muß.

Das wirtschaftliche Leben kann nur gedeihen, wenn es als selbständiges Glied des sozialen Organismus nach seinen eigenen Kräften und Gesetzen sich ausbildet, und wenn es nicht dadurch Verwirrung in sein Gefüge bringt, daß es sich von einem anderen Gliede des sozialen Organismus, dem politisch wirksamen, aufsaugen läßt. Dieses politisch wirksame Glied muß vielmehr in voller Selbständigkeit neben dem wirtschaftlichen bestehen, wie im natürlichen Organismus das Atmungssystem neben dem Kopfsystem. Ihr heilsames Zusammenwirken kann nicht dadurch erreicht werden, daß beide Glieder von einem einzigen Gesetzgebungs- und Verwaltungsorgan aus versorgt werden, sondern daß jedes seine eigene Gesetzgebung und Verwaltung hat, die lebendig zusammenwirken. Denn das politische

System muß die Wirtschaft vernichten, wenn es sie übernehmen will; und das wirtschaftliche System verliert seine Lebenskräfte, wenn es politisch werden will.

Zu diesen beiden Gliedern des sozialen Organismus muß in voller Selbständigkeit und aus seinen eigenen Lebensmöglichkeiten heraus gebildet ein drittes treten: das der geistigen Produktion, zu dem auch der geistige Anteil der beiden anderen Gebiete gehört, der ihnen von dem mit eigener gesetzmäßiger Regelung und Verwaltung ausgestatteten dritten Gliede überliefert werden muß, der aber nicht von ihnen verwaltet und anders beeinflußt werden kann, als die nebeneinander bestehenden Gliedorganismen eines natürlichen Gesamtorganismus sich gegenseitig beeinflussen.

Man kann schon heute das hier über die Notwendigkeiten des sozialen Organismus Gesagte in allen Einzelheiten vollwissenschaftlich begründen und ausbauen. In diesen Ausführungen können nur die Richtlinien hingestellt werden, für alle diejenigen, welche diesen Notwendigkeiten nachgehen wollen.

Die deutsche Reichsgründung fiel in eine Zeit, in der diese Notwendigkeiten an die neuere Menschheit herantraten. Seine Verwaltung hat nicht verstanden, dem Reich eine Aufgabe zu stellen durch den Blick auf diese Notwendigkeiten. Dieser Blick hätte ihm nicht nur das rechte innere Gefüge gegeben; er hätte seiner äußeren Politik auch eine berechtigte Richtung verliehen. Mit einer solchen Politik hätte das deutsche Volk mit den außerdeutschen Völkern zusammenleben können.

Nun müßte aus dem Unglück die Einsicht reifen. Man müßte den Willen zum möglichen sozialen Organismus entwickeln. Nicht ein Deutschland, das nicht mehr da ist, müßte der Außenwelt gegenübertreten, sondern ein *geistiges, politisches und wirtschaftliches* System in ihren Vertretern müßten als selbständige Delegationen mit denen verhandeln wollen, von denen *das* Deutschland niedergeworfen worden ist, das sich durch die Verwirrung der drei Systeme zu einem unmöglichen sozialen Gebilde gemacht hat.

Man hört im Geiste die Praktiker, welche über die Kompliziertheit des hier Gesagten sich ergehen, die unbequem finden, über das Zusammenwirken dreier Körperschaften auch nur zu denken, weil sie nichts von den wirklichen Forderungen des Lebens wissen mögen, sondern alles nach den bequemen Forderungen *ihres* Denkens gestalten wollen. Ihnen muß klar werden: entweder man wird sich bequemen, mit seinem Denken den Anforderungen der Wirklichkeit sich zu fügen, oder man wird vom Unglücke nichts gelernt haben, sondern das herbeigeführte durch weiter entstehendes ins Unbegrenzte vermehren.

Dr. Rudolf Steiner.

HINWEISE DES HERAUSGEBERS

*

LITERATURHINWEIS

*

RUDOLF STEINER – LEBEN UND WERK

*

RUDOLF STEINER GESAMTAUSGABE

HINWEISE DES HERAUSGEBERS

(GA = Rudolf Steiner Gesamtausgabe)

Die Grundlage zu dieser Schrift bildeten eine Reihe öffentlicher Vorträge über «Die soziale Frage», die Rudolf Steiner am 3., 5., 10. und 12. Februar 1919 in Zürich – in derselben Zeit auch in Bern und Basel – gehalten hatte. Innerhalb der Gesamtausgabe sind sie im Band «Die soziale Frage», GA 328, veröffentlicht.

Werke Rudolf Steiners innerhalb der Gesamtausgabe (GA) werden in den Hinweisen mit der Bibliographie-Nummer angegeben. Siehe auch die Übersicht am Schluß des Bandes.

Zu Seite

21 *«In Ausführung der Dreigliederung...»:* Jetzt enthalten in Rudolf Steiner «Aufsätze über die Dreigliederung des sozialen Organismus und zur Zeitlage 1915–1921», GA 24.

34 *Lassalles Rede:* Ferdinand Lassalle, 1825–1864, Begründer der Sozialdemokratie in Deutschland. Der genaue Titel der angeführten Rede lautet: «Die Wissenschaft und die Arbeiter. Eine Verteidigungsrede vor dem Berliner Kriminalgericht gegen die Anklage, die besitzlosen Klassen zum Haß und zur Verachtung gegen die Besitzenden öffentlich angereizt zu haben (16. Januar 1863)», Zürich 1863. Siehe auch Ferdinand Lassalle «Gesammelte Reden und Schriften», Berlin 1919/20.

38 *Carl Vogt*, 1817–1895, Naturwissenschafter, schrieb u. a.: «Zoologische Briefe» (1851/52), «Köhlerglaube und Wissenschaft» (1854), «Vorlesungen über den Menschen» (1897).

   Ludwig Büchner, 1824–1899, schrieb u. a.: «Kraft und Stoff» (1855), «Die Stellung des Menschen in der Natur» (1869), «Gott und die Wissenschaft» (1897).

45 *Arbeiterbildungsschule:* Siehe Rudolf Steiner «Mein Lebensgang» Kap. 28, GA 28; ferner: J. Mücke und A. Rudolph «Erinnerungen an Rudolf Steiner und seine Wirksamkeit in der Arbeiter-Bildungsschule in Berlin 1899–1904», Zbinden Verlag, Basel 1955.

58 *«Von Seelenrätseln»:* erschienen 1917; GA 21. Siehe insbesondere Kap. IV. 6.

59 *A. E. F. Schäffle*, 1831–1903, Nationalökonom, 1871 k.k. Handels-
minister in Wien. Schrieb: «Bau und Leben des socialen Körpers»,
4 Bde., Tübingen 1875 / 78.

C. H. Meray: «Weltmutation. Schöpfungsgesetze über Krieg und
Frieden und die Geburt einer neuen Zivilisation», Zürich 1918.

66 *Carl Jentsch:* «Volkswirtschaftslehre», Leipzig 1895, 4. Aufl. Leipzig
1918.

135 *Walther Rathenau*, 1867–1922. «Nach der Flut», 15. Aufl. Berlin
1919.

143 *Völkerbund:* Bezieht sich auf den damals in Gründung befindlichen
«Völkerbund» der Siegermächte des ersten Weltkrieges, der am 28.
Juli 1919 konstituiert wurde.

145 *zuletzt in Wien:* Vortrag vom 14. April 1914; sechster Vortrag in
«Inneres Wesen des Menschen und Leben zwischen Tod und neuer
Geburt», GA 153.

147 *Herman Grimm*, «Fünfzehn Essays. Vierte Folge. Aus den letzten
fünf Jahren», Gütersloh 1890.

151 *Schuldfrage:* Vgl. hierzu das sog. Matin-Interview sowie die Vorbemerkungen zu «Die ‹Schuld› am Kriege. Betrachtungen und Erinnerungen des Generalstabschefs H. v. Moltke über die Vorgänge vom Juli
1914 bis November 1914», abgedruckt in Rudolf Steiner «Aufsätze
über die Dreigliederung des sozialen Organismus und zur Zeitlage
1915–1921», GA 24.

152 *als er sich bemühte, ... die Ideen von dem gesunden sozialen Organismus... an Persönlichkeiten heranzubringen:* Bezieht sich auf die «Me-
moranden» aus dem Jahre 1917, abgedruckt in «Aufsätze über die
Dreigliederung...», siehe Hinweis zu S. 21.

153 *Brest-Litowsk:* Hier wurde am 15. Dezember 1917 der Waffenstill-
stand zwischen den Mittelmächten und Rußland abgeschlossen.

155 *Wilsons Vierzehn Punkte:* In «Die Reden Woodrow Wilsons», herausgegeben vom Committee on Public Information of the United
States of America, Bern 1919.

156 *von einem Komitee:* Der «Bund für Dreigliederung des sozialen Organismus» mit Sitz in Stuttgart.

157f. *«An das deutsche Volk und an die Kulturwelt»:* Dieser Aufruf, von
Rudolf Steiner verfaßt und von einer Anzahl bekannter Persönlichkei-
ten des öffentlichen Lebens unterzeichnet, wurde im März 1919 als
Flugblatt gedruckt und weit verbreitet.

LITERATURHINWEIS

Zur Weiterführung und Vertiefung der Darstellungen des vorliegenden
Bandes sei auf folgende Ausgaben von Rudolf Steiner verwiesen:

(GA = Rudolf Steiner Gesamtausgabe / TB = Rudolf Steiner Taschenbücher)

Schriften und Aufsätze

Die Philosophie der Freiheit. Grundzüge einer modernen Weltanschauung –
Seelische Beobachtungsresultate nach naturwissenschaftlicher Methode.
(1894) GA 4 (TB 627).

Geisteswissenschaft und soziale Frage. Ein Aufsatz 1905/06. Einzelausgabe,
Dornach 1989. Innerhalb der Gesamtausgabe erschienen in «Lucifer – Gnosis. Grundlegende Aufsätze zur Anthroposophie», GA 34.

*Aufsätze über die Dreigliederung des sozialen Organismus und zur Zeitlage
1915–1921.* GA 24. Teilausgabe als Taschenbuch unter dem Titel «Staats-
politik und Menschheitspolitik» (TB 667)

Von Seelenrätseln. Anthropologie und Anthroposophie. (1917) GA 21
(TB 637).

Vorträge

I. Grundlegende Darstellungen

Die soziale Frage. Sechs öffentliche Vorträge, Zürich 1919. GA 328.

*Die Befreiung des Menschenwesens als Grundlage für eine soziale Neugestal-
tung. Altes Denken und neues soziales Wollen.* Neun öffentliche Vorträge
und Fragenbeantwortungen in verschiedenen Schweizer Städten 1919.
GA 329.

Neugestaltung des sozialen Organismus. Vierzehn Vorträge, gehalten öffentlich und für die Arbeiterschaft großer Industriebetriebe im Stuttgarter Raum
1919. GA 330.

Betriebsräte und Sozialisierung. Diskussionsabende mit den Arbeiteraus-
schüssen der großen Betriebe Stuttgarts, 1919. GA 331.

Soziale Zukunft. Sechs öffentliche Vorträge mit Fragenbeantwortungen,
Zürich 1919. GA 332 a (TB 631)

Gedankenfreiheit und soziale Kräfte. Sechs öffentliche Vorträge, gehalten zwischen dem 26. Mai und 30. Dezember 1919 in Ulm, Berlin und Stuttgart. GA 333 (TB 652)

Vom Einheitsstaat zum dreigliedrigen sozialen Organismus. Elf öffentliche Vorträge in Basel, Zürich und Dornach im Frühjahr 1920. Grundlegende Darstellungen der anthroposophisch orientierten Geisteswissenschaft und ihrer Erkenntnisse für die Bewältigung der sozialen Aufgaben. GA 334.

Westliche und östliche Weltgegensätzlichkeit. Wege zu ihrer Verständigung durch Anthroposophie. Zehn öffentliche Vorträge, gehalten auf dem Wiener «West-Ost-Kongreß» von 1922. Teil I: Anthroposophie und Wissenschaften. – Teil II: Anthroposophie und Soziologie. – Anhang (nur in geb. Ausgabe): Aufzeichnungen, West-Ost-Aphorismen, u. a. GA 83 (TB 646).

Die Kardinalfrage des Wirtschaftslebens. Öffentlicher Vortrag in Kristiania (Oslo) 1922. Einzelausgabe aus GA 79.

II. Schulungskurse

Wie wirkt man für den Impuls der Dreigliederung des sozialen Organismus? Zwei Schulungskurse für Redner und aktive Vertreter des Dreigliederungsgedankens, Stuttgart 1921. GA 338.

Anthroposophie, soziale Dreigliederung und Redekunst. Orientierungskurs für die öffentliche Wirksamkeit, mit besonderem Hinblick auf die Schweiz, Dornach 1921. Mit vielen Sprachübungen. GA 339.

III. Vertiefende Darstellungen

Soziale und antisoziale Triebe im Menschen. Zwei Vorträge Dornach 6. Dezember und Bern 12. Dezember 1918. Einzelausgabe (aus GA 186).

Die Mission einzelner Volksseelen im Zusammenhang mit der germanisch-nordischen Mythologie. Elf Vorträge in Kristiania (Oslo) Juni 1910. GA 121 (TB 613).

Geschichtliche Symptomatologie. Neun Vorträge in Dornach Oktober / November 1918. GA 185.

Entwicklungsgeschichtliche Unterlagen zur Bildung eines sozialen Urteils. Acht Vorträge in Dornach November 1918. GA 185 a.

Die soziale Grundforderung unserer Zeit. In geänderter Zeitlage. Zwölf Vorträge in Dornach und Bern November / Dezember 1918. GA 186.

Der Goetheanismus, ein Umwandlungsimpuls und Auferstehungsgedanke. Menschenwissenschaft und Sozialwissenschaft. Zwölf Vorträge in Dornach Januar / Februar 1919. GA 188.

Die soziale Frage als Bewußtseinsfrage. Acht Vorträge in Dornach Februar / März 1919. GA 189.

Vergangenheits- und Zukunftsimpulse im sozialen Geschehen. Zwölf Vorträge in Dornach März / April 1919. GA 190.

Soziales Verständnis aus geisteswissenschaftlicher Erkenntnis. Fünfzehn Vorträge in Dornach Oktober / November 1919. GA 191.

Geisteswissenschaftliche Behandlung sozialer und pädagogischer Fragen. Siebzehn Vorträge in Stuttgart April bis September 1919. GA 192.

Die Erziehungsfrage als soziale Frage. Die spirituellen, kulturgeschichtlichen und sozialen Hintergründe der Waldorfschul-Pädagogik. Sechs Vorträge in Dornach August 1919. GA 296.

Der innere Aspekt des sozialen Rätsels. Luziferische Vergangenheit und ahrimanische Zukunft. Zehn Vorträge in verschiedenen Städten 1919. GA 193.

Geistige und soziale Wandlungen in der Menschheitsentwickelung. Achtzehn Vorträge in Dornach Januar / Februar 1920. GA 196.

Gegensätze in der Menschheitsentwickelung. West und Ost – Materialismus und Mystik – Wissen und Glauben. – Elf Vorträge in Stuttgart 1920. GA 197.

Heilfaktoren für den sozialen Organismus. Siebzehn Vorträge in Dornach März bis Juli 1920. GA 198.

Geisteswissenschaft als Erkenntnis der Grundimpulse sozialer Gestaltung. Siebzehn Vorträge und eine Ansprache in Dornach und Berlin August / September 1920. GA 199.

IV. Nationalökonomie

Aufgaben einer neuen Wirtschaftswissenschaft

Nationalökonomischer Kurs. Vierzehn Vorträge für Studenten der Nationalökonomie, Dornach 1922. GA 340.

Nationalökonomisches Seminar. Sechs seminaristische Besprechungen mit den Teilnehmern am «Nationalökonomischen Kurs». Mit Gesamtregister für beide Bände. GA 341.

Schriftenreihe «Beiträge zur Rudolf Steiner Gesamtausgabe»

Veröffentlichungen aus dem Archiv der Rudolf Steiner-Nachlaßverwaltung

Heft 24 / 25, Ostern 1969
«50 Jahre ‹Die Kernpunkte der sozialen Frage›: April 1919 bis April 1969»
Aus dem Inhalt: H. Wiesberger: Rudolf Steiners öffentliches Wirken für die Dreigliederung des sozialen Organismus. Von der Dreigliederungs-Idee des Jahres 1917 zur Dreigliederungs-Bewegung des Jahres 1919. Eine Chronik / R. Steiner: Entwurf zu dem Aufsatz «Internationale Wirtschaft und dreigliedriger sozialer Organismus» / Notizbucheintragungen zu Vorträgen über die Dreigliederung und zur sozialen Frage

Heft 27 / 28, Michaeli / Weihnachten 1969
«1919 – Das Jahr der Dreigliederungsbewegung und der Gründung der Waldorfschule»
Aus dem Inhalt: H. Wiesberger: Rudolf Steiners öffentliches Wirken für die Dreigliederung des sozialen Organismus. Forsetzung der Chronik des Jahres 1919

Heft 88, Johanni 1985
«Die soziale Frage. Vor 66 Jahren: Dreigliederungszeit»
Aus dem Inhalt: R. Steiner: Die soziale Frage und die Theosophie, öffentlicher Vortrag, Berlin, 26. Oktober 1905 / F. Piston: Assoziative Wirtschaft als Forderung Rudolf Steiners (aus einer Dissertation, Tübingen 1923)

Heft 93 / 94, Michaeli 1986
«Polnisch oder Deutsch? Oberschlesien als Schulbeispiel für die Notwendigkeit der Dreigliederung»
Aus dem Inhalt: W. Kugler: Anmerkungen zum Schulungskurs für Oberschlesier. Die oberschlesische Aktion 1921. Erinnerungen – Berichte – Pressestimmen – Dokumente

Heft 103, Michaeli 1989
«Alle Macht den Räten? Rudolf Steiner und die Betriebsrätebewegung 1919»
Aus dem Inhalt: Betriebsräte und Kulturräte. Referate von Emil Molt, Ernst Uehli und Rudolf Steiner, Stuttgart, 10. Juli 1919 / R. Steiner, Vortrag am 2. Juni 1919 in Tübingen über Dreigliederung. Zu Rudolf Steiners Vortrag über «Sozialisierung und Betriebsräte», Heilbronn 30. Juni 1919. / C. Unger: Zur Geschichte der Dreigliederung / Aufsätze und Berichte aus der Wochenzeitung «Dreigliederung des sozialen Organismus» 1. Jg. 1919 / Pressestimmen – Dokumente über und aus der Arbeit des Bundes für Dreigliederung

Das Lebenswerk, welches Rudolf Steiner der Nachwelt hinterlassen hat, dürfte nach Gehalt und Umfang innerhalb der Kulturwelt wohl ohne Beispiel dastehen. Seine Schriften – die Werke und Aufsätze – bilden die Grundlage für das, was er im Laufe seines Lebens in Vorträgen und Kursen seinen Zuhörern als «anthroposophisch orientierte Geisteswissenschaft» von immer neuen Aspekten aus darstellte und ausführte. Der größte Teil dieser über fünftausend Vorträge ist in Nachschriften erhalten geblieben. Daneben entfaltete er auch auf künstlerischem Gebiet eine große Tätigkeit, welche ihren Höhepunkt in der Errichtung des ersten Goetheanumbaus in Dornach fand. So liegen eine große Anzahl malerischer, plastischer und architektonischer Arbeiten, Entwürfe und Skizzen von seiner Hand vor. Die durch ihn gegebenen Anregungen für die Erneuerung zahlreicher Lebensgebiete beginnen in der gegenwärtigen Zeit vermehrte Beachtung zu finden.

Im Auftrag Rudolf Steiners hat Marie Steiner-von Sivers zeitlebens die Vortragsmitschriften durchgesehen und veröffentlicht. Nach ihrem Tod (1948) wurde gemäß ihren Richtlinien mit der Herausgabe einer Rudolf Steiner-Gesamtausgabe begonnen, die ca. 350 Bände umfassen wird. In den beiden ersten Abteilungen erscheinen die *Schriften* und das *Vortragswerk*, während in einer dritten Abteilung das *künstlerische Werk* in geeigneter Form zur Wiedergabe gelangt.

Einen systematischen Überblick über das Gesamtwerk gibt der Band «Bibliographische Übersicht. Das literarische und künstlerische Werk von Rudolf Steiner», auf welchen sich die im folgenden verwendete Bezeichnung «GA» bezieht. Über den jeweiligen Stand der erschienenen Bände orientieren die Bücherverzeichnisse und der Gesamtkatalog des Rudolf Steiner Verlages.

Chronologischer Lebensabriß

(zugleich Übersicht über die geschriebenen Werke)

1861   Am 27. Februar wird Rudolf Steiner in Kraljevec (damals Österreich-Ungarn, heute Jugoslawien) als Sohn eines Beamten der österreichischen Südbahn geboren. Seine Eltern stammen aus Niederösterreich. Er verlebt seine Kindheit und Jugend an verschiedenen Orten Österreichs.

1872   Besuch der Realschule in Wiener-Neustadt bis zum Abitur 1879.

1879–1882	Studium an der Wiener Technischen Hochschule: Mathematik und Naturwissenschaft, zugleich Literatur, Philosophie und Geschichte. Grundlegendes Goethe-Studium.
1882	Erste schriftstellerische Tätigkeit.
1882–1897	Herausgabe von Goethes Naturwissenschaftlichen Schriften in Kürschners «Deutsche National-Litteratur», 5 Bände (GA 1a–e). Eine selbständige Ausgabe der Einleitungen erschien 1925 unter dem Titel *Goethes Naturwissenschaftliche Schriften* (GA 1).
1884–1890	Privatlehrer bei einer Wiener Familie.
1886	Berufung zur Mitarbeit bei der Herausgabe der großen «Sophien-Ausgabe» von Goethes Werken. *Grundlinien einer Erkenntnistheorie der Goetheschen Weltanschauung mit besonderer Rücksicht auf Schiller* (GA 2).
1888	Redakteur bei der «Deutschen Wochenschrift», Wien (Aufsätze daraus in GA 31). Vortrag im Wiener Goethe-Verein: *Goethe als Vater einer neuen Ästhetik* (in GA 30).
1890–1897	Weimar. Mitarbeit am Goethe- und Schiller-Archiv. Herausgeber von Goethes Naturwissenschaftlichen Schriften.
1891	Promotion zum Doktor der Philosophie an der Universität Rostock. 1892 erscheint die erweiterte Dissertation: *Wahrheit und Wissenschaft. Vorspiel einer «Philosophie der Freiheit»* (GA 3).
1894	*Die Philosophie der Freiheit. Grundzüge einer modernen Weltanschauung. Seelische Beobachtungsresultate nach naturwissenschaftlicher Methode* (GA 4).
1895	*Friedrich Nietzsche, ein Kämpfer gegen seine Zeit* (GA 5).
1897	*Goethes Weltanschauung* (GA 6). Übersiedlung nach Berlin. Herausgabe des «Magazin für Litteratur» und der «Dramaturgischen Blätter» zusammen mit O. E. Hartleben (Aufsätze daraus in GA 29–32). Wirksamkeit in der «Freien literarischen Gesellschaft», der «Freien dramatischen Gesellschaft», im «Giordano Bruno-Bund», im Kreis der «Kommenden» u. a.
1899–1904	Lehrtätigkeit an der von W. Liebknecht gegründeten Berliner «Arbeiter-Bildungsschule».

1900/01   *Welt- und Lebensanschauungen im 19. Jahrhundert*, 1914 erweitert zu: *Die Rätsel der Philosophie* (GA 18). Beginn der
anthroposophischen Vortragstätigkeit auf Einladung der
Theosophischen Gesellschaft in Berlin. *Die Mystik im
Aufgange des neuzeitlichen Geisteslebens* (GA 7).

1902–1912   Aufbau der Anthroposophie. Regelmäßige öffentliche Vortragstätigkeit in Berlin und ausgedehnte Vortragsreisen in ganz
Europa. Marie von Sivers (ab 1914 Marie Steiner) wird seine
ständige Mitarbeiterin.

1902   *Das Christentum als mystische Tatsache und die Mysterien des
Altertums* (GA 8).

1903   Begründung und Herausgabe der Zeitschrift «Luzifer», später
«*Lucifer-Gnosis*» (Aufsätze in GA 34).

1904   *Theosophie. Einführung in übersinnliche Welterkenntnis und
Menschenbestimmung* (GA 9).

1904/05   *Wie erlangt man Erkenntnisse der höheren Welten?* (GA 10).
Aus der Akasha-Chronik (GA 11). *Die Stufen der höheren
Erkenntnis* (GA 12).

1910   *Die Geheimwissenschaft im Umriß* (GA 13)

1910–1913   In München werden die *Vier Mysteriendramen* (GA 14) ur-
aufgeführt.

1911   *Die geistige Führung des Menschen und der Menschheit*
(GA 15).

1912   *Anthroposophischer Seelenkalender. Wochensprüche* (in GA
40, und selbständige Ausgaben). *Ein Weg zur Selbsterkenntnis
des Menschen* (GA 16).

1913   Trennung von der Theosophischen und Begründung der Anthroposophischen Gesellschaft.
Die Schwelle der geistigen Welt (GA 17).

1913–1922   Errichtung des in Holz als Doppelkuppelbau gestalteten er-
sten Goetheanum in Dornach/Schweiz. Im gleichen Zeit-
raum entstanden in Dornach ebenfalls nach Entwürfen Rudolf
Steiners mehrere Wohn- und Zweckbauten, so das Haus
Duldeck, Haus de Jaager, drei Eurythmiehäuser, Heizhaus,
Transformatorenhäuschen, Glashaus, Verlagshaus u. a.

1914–1923   Dornach und Berlin. In Vorträgen und Kursen in ganz Europa
gibt Rudolf Steiner Anregungen für eine Erneuerung auf vielen Lebensgebieten: Kunst, Pädagogik, Naturwissenschaften,
soziales Leben, Medizin, Theologie. Weiterbildung der 1912
inaugurierten neuen Bewegungskunst «Eurythmie».

| 1914 | *Die Rätsel der Philosophie in ihrer Geschichte als Umriß dargestellt* (GA 18). |

| 1916–1918 | *Vom Menschenrätsel* (GA 20). *Von Seelenrätseln* (GA 21). *Goethes Geistesart in ihrer Offenbarung durch seinen «Faust» und durch das «Märchen von der Schlange und der Lilie»* (GA 22). |

1919   Rudolf Steiner vertritt den Gedanken einer «Dreigliederung des sozialen Organismus» in Aufsätzen und Vorträgen, vor allem im süddeutschen Raum. *Die Kernpunkte der sozialen Frage in den Lebensnotwendigkeiten der Gegenwart und Zukunft* (GA 23). *Aufsätze über die Dreigliederung des sozialen Organismus* (GA 24). Im Herbst wird in Stuttgart die «Freie Waldorfschule» begründet, die Rudolf Steiner bis zu seinem Tode leitet.

1920   Beginnend mit dem Ersten anthroposophischen Hochschulkurs finden im noch nicht vollendeten Goetheanum fortan regelmäßig künstlerische und Vortragsveranstaltungen statt.

1921   Begründung der Wochenschrift «Das Goetheanum» mit regelmäßigen Aufsätzen und Beiträgen Rudolf Steiners (in GA 36).

1922   *Kosmologie, Religion und Philosophie* (GA 25).
In der Silversternacht 1922/23 wird der Goetheanumbau durch Brand vernichtet. Für einen neuen in Beton konzipierten Bau kann Rudolf Steiner in der Folge nur noch ein erstes Außenmodell schaffen.

1923   Unausgesetzte Vortragstätigkeit, verbunden mit Reisen. Zu Weihnachten 1923 Neubegründung der «Anthroposophischen Gesellschaft» als «Allgemeine Anthroposophische Gesellschaft» unter der Leitung Rudolf Steiners.

1923–1925 Rudolf Steiner schreibt in wöchentlichen Folgen seine unvollendet gebliebene Selbstbiographie *Mein Lebensgang* (GA 28) sowie *Anthroposophische Leitsätze* (GA 26), und arbeitet mit Dr. Ita Wegman an dem Buch *Grundlegendes für eine Erweiterung der Heilkunst nach geisteswissenschaftlichen Erkenntnissen* (GA 27).

1924   Steigerung der Vortragstätigkeit. Daneben zahlreiche Fachkurse. Letzte Vortragsreisen in Europa. Am 28. September letzte Ansprache zu den Mitgliedern. Beginn des Krankenlagers.

1925   Am 30. März stirbt Rudolf Steiner in Dornach.

Erste Abteilung: Die Schriften

I. Werke

Goethes Naturwissenschaftliche Schriften, eingeleitet und kommentiert von R. Steiner, 5 Bände (GA 1 a–e); separate Ausgabe der Einleitungen (GA 1)

Grundlinien einer Erkenntnistheorie der Goetheschen Weltanschauung (GA 2)

Wahrheit und Wissenschaft. Vorspiel einer «Philosophie der Freiheit» (GA 3)

Die Philosophie der Freiheit (GA 4)

Friedrich Nietzsche, ein Kämpfer gegen seine Zeit (GA 5)

Goethes Weltanschauung (GA 6)

Die Mystik im Aufgange des neuzeitlichen Geisteslebens und ihr Verhältnis zur modernen Weltanschauung (GA 7)

Das Christentum als mystische Tatsache und die Mysterien des Altertums (GA 8)

Theosophie. Einführung in übersinnliche Welterkenntnis und Menschen-bestimmung (GA 9)

Wie erlangt man Erkenntnisse der höheren Welten? (GA 10)

Aus der Akasha-Chronik (GA 11)

Die Stufen der höheren Erkenntnis (GA 12)

Die Geheimwissenschaft im Umriß (GA 13)

Vier Mysteriendramen: Die Pforte der Einweihung – Die Prüfung der Seele – Der Hüter der Schwelle – Der Seelen Erwachen (GA 14)

Die geistige Führung des Menschen und der Menschheit (GA 15)

Anthroposophischer Seelenkalender (in GA 40)

Ein Weg zur Selbsterkenntnis des Menschen (GA 16)

Die Schwelle der geistigen Welt (GA 17)

Die Rätsel der Philosophie in ihrer Geschichte als Umriß dargestellt (GA 18)

Vom Menschenrätsel (GA 20)

Von Seelenrätseln (GA 21)

Goethes Geistesart in ihrer Offenbarung durch seinen «Faust» und durch das «Märchen von der Schlange und der Lilie» (GA 22)

Die Kernpunkte der sozialen Frage in den Lebensnotwendigkeiten der Gegenwart und Zukunft (GA 23)

Aufsätze über die Dreigliederung des sozialen Organismus und zur Zeitlage 1915–1921 (GA 24)

Kosmologie, Religion und Philosophie (GA 25)

Anthroposophische Leitsätze (GA 26)

Grundlegendes für eine Erweiterung der Heilkunst nach geisteswissenschaftlichen Erkenntnissen. Von Dr. Rudolf Steiner und Dr. Ita Wegman
(GA 27)

Mein Lebensgang (GA 28)

II. Gesammelte Aufsätze

Gesammelte Aufsätze zur Dramaturgie 1889–1900 (GA 29)

Methodische Grundlagen der Anthroposophie. Gesammelte Aufsätze zur
Philosophie, Naturwissenschaft, Ästhetik und Seelenkunde 1884–1901
(GA 30)

Gesammelte Aufsätze zur Kultur- und Zeitgeschichte 1887–1901 (GA 31)

Gesammelte Aufsätze zur Literatur 1886–1902 (GA 32)

Biographien und biographische Skizzen 1894–1905 (GA 33)

Lucifer–Gnosis. Grundlegende Aufsätze zur Anthroposophie und Berichte
aus der Zeitschrift «Luzifer» und «Lucifer-Gnosis» 1903–1908 (GA 34)

Philosophie und Anthroposophie. Gesammelte Aufsätze 1904–1918
(GA 35)

Der Goetheanumgedanke inmitten der Kulturkrisis der Gegenwart. Gesammelte Aufsätze aus der Wochenschrift «Das Goetheanum» 1921–1925
(GA 36)

III. Veröffentlichungen aus dem Nachlaß

Briefe – Wahrspruchworte – Bühnenbearbeitungen – Entwürfe zu den vier
Mysteriendramen 1910–1913 – Anthroposophie. Ein Fragment aus dem
Jahre 1910 – Gesammelte Skizzen und Fragmente – Aus Notizbüchern und
-blättern (GA 38–47)

Zweite Abteilung: Das Vortragswerk

I. Öffentliche Vorträge

Die Berliner öffentlichen Vortragsreihen («Architektenhaus-Vorträge»)
1903/04 bis 1917/18 (GA 51–67)

Öffentliche Vorträge, Vortragsreihen und Hochschulkurse an andern Orten
Europas 1906–1924 (GA 68–84)

Die Bände der Rudolf Steiner Gesamtausgabe sind innerhalb einzelner Gruppen einheitlich ausgestattet. Jeder Band ist einzeln erhältlich. Ausführliche Verzeichnisse können beim Verlag angefordert werden.